Sofia Sörensen

Leben

mit meiner dementen Mutter

Herstellung und Verlag: Books on Demand GmbH, Norderstedt
ISBN 9783839 170755

▶ Für den Inhalt von empfohlenen Büchern, Internetseiten usw.,
wird keine Haftung für deren Richtigkeit oder andere Rechtsrele-
vantien übernommen. Jede Haftung liegt bei den jeweiligen Autoren.

Das Landgericht Hamburg hat mit Urteil vom 12.05.1998 entschieden,
dass man durch die Ausbringung eines Links die Inhalte der
gelinkten Seite ggf. mit zu verantworten hat. Dies kann - so das
LG - nur dadurch verhindert werden, dass man sich ausdrücklich von
diesen Inhalten distanziert. Ich betone daher, dass ich keinerlei
Einfluss auf Gestaltung und Inhalte gelinkter Seiten habe. Deshalb
distanzieren ich mich hiermit ausdrücklich von allen Inhalten
aller gelinkten Seiten auf allen aufgeführten Websites einschließ-
lich aller Unterseiten. Diese Erklärung gilt für alle in diesem
Buch genannten Links und für alle Inhalte der Seiten, zu denen
Links oder Banner führen. Ich verbürge ich mich auch nicht für die
in der folgenden umfangreichen Liste aufgeführten Klinikan-
schriften und gebe keinerlei Empfehlung.

Der Reinerlös aus dem Autorenhonorar ist wieder für
die Berufsausbildung ehemaliger Kindersoldaten in
Afrika bestimmt (Misereor).

Besuchen Sie mich gern auf meiner Homepage:

www.emdr-selbsttherapie.de
www.sofia-soerensen.de

Buchdeckel-Entwurf und Fotos: Sofia Sörensen, Hamburg-Niendorf

Meine liebe Mutter
im Alter von 17 Jahren

Alle Liebe der Menschen muss erworben,
erobert und verdient,
über Hindernisse hinweg erhalten werden.
Die Mutterliebe allein
hat man immer unerworben und unverdient.

Berthold Auerbach (1812-1882)

Vorwort

Seit Anfang 2004 habe ich die Pflege meiner altersdementen Mutter übernommen und schreibe in diesem Büchlein über meine Erfahrungen, die trotz oft schwieriger Situationen in der Feststellung münden: "Ich würde es jederzeit wieder tun!" Auch in diesem Büchlein informiere ich wieder ungeschminkt über die Tatsachen, wie ich sie erlebe. Gleichzeitig mit der Pflege und auch durch dieses Büchlein habe ich alte Tochter-Mutter-Konflikte relativieren und aufarbeiten können. Ich bin weiterhin stets um sachlichen Umgang und kreative, lockere Antworten auf die jeweiligen Herausforderungen bemüht.

Das oberste Gebot, die Liebe ebenso wie ethische Beweggründe zur Geltung kommen zu lassen, bedarf des Abstandes von sich selbst und der Lösung aus eingefahrenen Reaktionsmustern. Ein Abstand übrigens, der es erst ermöglicht, das Leben so, wie es auf uns zukommt, nicht zu dramatisieren sondern ohne Unter- oder Überbewertungen ungeschminkt zu integrieren. Nicht nur der deutliche Abstand von mir selbst sondern auch von meiner Mutter ermöglicht es mir, auch meine eigenen Interessen wahrzunehmen und immer wieder zu mir selbst und somit zur inneren Ruhe zu kommen.

Ich begann am 6. September 2006 mit dem Bücherschreiben. Das war zweieinhalb Jahre nach der Pflegeübernahme, die mein gesamtes Leben zunächst noch einmal erneut völlig auf den Kopf

gestellt hatte, weil ich dafür nicht nur aus der
eigenen Wohnung an der Costa Blanca nach Hamburg
in das sehr kleine Reihenhäuschen meiner Mutter
wechselte sondern auch, weil ich von da an nicht
mehr zum regelmäßigen Musizieren außerhalb des
Hauses noch zu meinen geliebten Bergtouren kam.
Das habe ich allerdings nicht zum Drama gemacht
sondern eine Umstellung herbeigeführt. Regelmäßige körperliche Bewegung habe ich heute durch
Schwimmen, Fitness-Studio, Joggen, Rekreation
durch Spaziergänge und Saunen. Und zu mir selbst
komme ich durch Entspannungsübungen, Singen,
Musizieren und Schreiben.

Nach den beiden Selbsttherapiebüchern entstand
mein Buch über die Schillersche Bürgschaft, eine
Botschaft über die Themen Treue und Wahrhaftigkeit, Ethik und Ästhetik. Die gründliche Arbeit
an diesem Werk führte dazu, dass ich meine neue
Lebensform noch gründlicher verankern konnte in
dem ich noch mehr erkannte, wo meine eigenen
Werte, meine Würde und meine Lebensziele liegen:
Im Gutsein zu mir selbst und anderen Menschen,
die, wie Albert Schweitzer sagte: "leben wollen
mitten unter Leben, das leben will." Das ist ein
hehres Ziel, das natürlich immer wieder durch
innere und äußere Einwirkungen entstehende Rück-
schläge auszubalancieren hat, wie wir sie in
Schillers Ballade vorgeführt bekommen. Am Ende
aber stellt sich ein einzigartiges, organisches
Fließgleichgewicht zwischen Herausforderungen
und Ruhe ein. Und in dieser Mitte spielt sich
mein Leben zusammen mit meiner lieben Mutter ab.

Nur auf der Grundlage zur Selbstliebe, der
eigenen Entfaltung und den eigenen Zielen sowie
durch unerschütterlich-wahrhaftigen, ehrlichen
Umgang und Treue zu sich selbst ist der Mensch
überhaupt imstande, seinen Mitmenschen gegenüber
in dieser in Treue und Wahrhaftigkeit veran-
kerten Liebe auch durch Widrigkeiten hindurch
Wort zu halten. Die eigene Ent-Scheidung wird

dadurch erst zum wirklichen Ent-Schluss, nämlich zu Wendepunkt und neuer Richtung: Zur gewollten Wegstrecke, hinter der ich mit meinem Willen und Handeln auch wirklich, ja: wirkschaffend stehen bleibe. Das ist das eigentliche benediktinische Bleiben, diese Stabilitas, nach der wir streben und die wir unentwegt aufrecht erhalten sollten.

Ich habe meiner Mutter nicht nur in die Hand sondern mit einer herzlichen Umarmung versprochen, ihr den sehnlichsten Wunsch zu erfüllen, in Würde in den eigenen vier Wänden alt werden zu können und bis zum Ende hier, in ihrem Zuhause, bleiben zu können. Und so ist mein Entschluss, ihr dieses Versprechen gegeben zu haben, auch zu meiner eigenen Lebensgestaltung immer dort geworden, wo die Schwäche meiner Mutter ihre Ansprüche nicht mehr durchsetzen kann. Denn der alte Mensch ist auf Gedeih und Verderb der Gnade anderer Menschen ausgeliefert.

Dieser andere Mensch bin ich selbst, die ich aus ihr dereinst hervorgegangen bin. Sie hat mir vorgelebt, was Treue ist, als sie mich unter widrigsten Umständen gebar und immer zu mir stand, sie hat mir ethische Werte vorgelebt, wenn andere Menschen mein Selbstvertrauen erschütterten. Ihre Schwächen, über die ich in diesem Büchlein ausführlich schreibe und die mich manchmal zermürbt haben, verblassen unter dem deutlichen Grundziel ihres eigenen Lebens: Absolut zu lieben und treu zu bleiben.

Gnade ist daher die andere Seite der Liebe. Wer liebt, ist auch gnädig, und ein alter Mensch ist auf Gedeih und Verderb der Gnade seiner Mitmenschen ausgeliefert. Diese Auslieferung an die Gnade soll erfüllt werden. Meine Antwort auf ihre eigene gnädige Liebe ist meine unerschütterliche Treue zu ihr. Und zwar mitten hindurch durch manchmal aufflackernden Zorn, wenn mir das Leben mit ihr zur Belastung wird.

Im Jahr 2008 schrieb ich eine reich bebilderte Familienchronik über meine fünfundzwanzig Ehejahre, was mich nochmals mit meiner Vergangenheit und dem Werden meiner Kinder in Berührung gebracht hat. Ich schrieb diese Chronik in erster Linie mit der Absicht, meinen Kindern aufzuzeigen, dass neben den ihre Kindheit erheblich überschattenden Eheproblemen ihrer Eltern und durch häufige Umzüge und belastende Zwischenstationen, auf denen wir mehrfach geparkt wurden, doch sehr viel Schönes ihr Leben mitgeprägt hat. Mir diente es ebenfalls zur Relativierung böser Erlebnisse und zum Hervorheben des Schönen, das letztlich doch überwiegt, denn wir haben dass alles nicht nur überlebt sondern wir haben es erlebt und durchlebt: Wir sind durch das alles hindurch gekommen. Das Buch habe ich aus verständlichen Gründen nicht veröffentlicht, denn es ist absolut privat.

Ohne die intensive eigene und ohne Therapeuten durchgeführte, selbsttherapeutische Arbeit an einem über mehrere Jahrzehnte hindurch mein Leben deprimierendem posttraumatischen Belastungssyndrom (PTBS) und dessen vollkommene Löschung, wäre ich nicht in der Lage gewesen, auch die neue Herausforderung anzunehmen und mein Leben noch einmal umzugestalten. Auf der Grundlage dieser Selbsttherapie hat sich aber mein Umgang mit Lebensbelastungen und Herausforderungen ganz wesentlich wandeln können, sodass mir die Pflege der Mutter gar nicht mehr als solche bewusst wird. Vielmehr lebe ich lediglich eine besondere gemeinschaftliche Lebensform: Das Leben mit meiner dementen Mutter. Und ich würde es immer wieder so machen.

Die "Jugend meines Alters" - ich bin Jahrgang 1946 - erlebe und durchlebe ich nun zusammen mit meiner lieben Mutter. Was danach sein wird, sorgt mich heute nicht, denn heute gut gelebt, macht aus jedem Morgen einen Stern der Hoffnung.

Wahrscheinlich werde ich später an die Costa Blanca zurückkehren. Das kann aber noch lange dauern. Also koste ich das Heute zusammen mit meiner Mutter bis auf den Grund aus!

Nur eine Mutter weiß allein, was lieben heißt und glücklich sein

An meinem Herzen, an meiner Brust,
Du meine Wonne, du meine Lust!

Das Glück ist die Liebe, die Lieb ist das Glück,
Ich hab es gesagt und nehm's nicht zurück.

Hab überglücklich mich geschätzt,
Bin überglücklich aber jetzt.

Nur die da säugt, nur die da liebt
Das Kind, dem sie die Nahrung gibt;

Nur eine Mutter weiß allein,
Was lieben heißt und glücklich sein.

O, wie bedaur' ich doch den Mann,
Der Mutterglück nicht fühlen kann!

Du schauest mich an und lächelst dazu,
Du lieber, lieber Engel du!

An meinem Herzen, an meiner Brust,
Du meine Wonne, du meine Lust!

Adalbert von Chamisso . 1781 - 1838

Liebe ist kein Sonntagsspaziergang
Sie fordert letzte Beugung von uns.
Liebe ist nur möglich,
wenn wir daran arbeiten, zu lieben.
Tätige Liebe ist, wenn wir so tun,
als mache uns die Mühe nichts aus.

Gemeinsam miteinander leben und lieben

Das jüngste Geschludere in der Nachbarschaft über meine Person ist Anlass einer umfangreichen Aufzählung der Stressmomente mit meiner altersdementen Mutter, der ich seit nunmehr knapp sechseinhalb Jahren das Leben zu erleichtern suche. Der normale Stress zu Hause, mit dem ich weit überwiegend gut zurecht komme, wird durch Geschluder und wiederholte abfällige Bemerkungen und kluge Belehrungen von Mitmenschen nicht gerade erleichtert. Das Unverständnis in der Bevölkerung ist allgemein groß. Dies Büchlein möge dazu beitragen, mehr Verständnis für diejenigen zu wecken, die es gern und bereitwillig auf sich nehmen, ihr gesamtes Leben auf den Kopf zu stellen, um einem behinderten Verwandten das Leben zu erleichtern.

Ich habe mich mal hingesetzt und aufgeschrieben, was hier zu Hause so abläuft. Wer bei den vielen Vorkommnissen, mit denen ich rund um die Uhr und manchmal auch nachts konfrontiert werde, nicht selbst verrückt im Kopf wird, muss schon sehr starke Nerven haben. Ich glaube kaum, dass die Klatschmäuler der Straße dem Dauerstress gewachsen wären, dem ich mich hier rein freiwillig aussetze. Und dies, obwohl ich zuvor einen siebenjährigen Scheidungskampf hatte, davor die letzten Jahre eine schreckliche Ehe und heilfroh war, als ich in Spanien endlich mein eigenes Leben führen und dort knapp sieben Jahre lang reichlich musizieren konnte.

Ich fühlte mich sehr befreit und wohl und fürchtete nichts mehr, als dass meine Mutter mich eines Tages brauchen würde. Darum habe ich immer wieder versucht, dass sie zu mir nach Spanien zieht. Aber sie war dazu nicht bereit. Und als es dann soweit war, habe ich anderthalb Jahre lang mit mir gehadert aber gleichzeitig meine Wohnung zu verkaufen gesucht. Während dieser Übergangszeit hatte meine Mutter einen amtlich bestellten Betreuer. Aber es ging drunter und drüber, und sie wurde auch noch um ihre letzten Sicherheitsreserven betrogen. Es wurde dringend erforderlich, dass entweder rund um die Uhr jemand für sie da wäre oder meine Mutter ins Seniorenheim gehen müsste. Der amtliche Betreuer erhielt übrigens während dieser anderthalb Jahre rund 12.000 € Honorar für einen Besuch pro Woche. Das ist genau die Summe, die meiner Mutter nach den Räubereien durch vermeintliche Handwerker noch geblieben war. Ich habe die Pflege schließlich übernommen, ohne dass meine Mutter noch irgendwelche finan-ziellen Reserven gehabt hätte.

Wer würde schon so viel für seine Mutter aufgeben, wie ich es tatsächlich getan habe und obendrein mit eigenem Geld immer wieder einspringen? Dennoch bekam ich eine Anzeige, weil ich angeblich auf Kosten meiner Mutter lebe, sie schlecht behandele und an Kaufrausch leide. Ich hatte nach dem Verkauf meiner spani-schen Wohnung außerdem noch monatelangen Zoff mit Betreuer und Vormundschaftsgericht. Er wollte mich partout nicht ins Haus lassen und setzte dafür alle Hebel in Bewegung. Das Vormundschaftsgericht setzte ausgerechnet ihn für die Beurteilung ein, ob ich als Pflegerin meiner Mutter geeignet sei. Auch das alles hat meine Mutter und mich noch sehr viel Geld und Ärger gekostet. Spanische Freunde waren erstaunt, dass mir das Vormundschaftsgericht derart viele Steine in den Weg legte. Sie sagten: "Aber das ist doch wohl typisch deutsch! Oder?"

Von Anfang an geriet ich ins Visier einiger netter Nachbarinnen, die ständig die Köpfe zusammen steckten und tuschelten, wenn ich vorbei ging. Da eine von ihnen niemals grüßte, sich aber meinen jungen Hund heranrief, obwohl ich sie bat, das zu unterlassen, weil er lernen sollte, fremde Menschen nicht anzuspringen, sprach ich sie deshalb an. Sie hatte stets Leckerlis für ihn bereit. Sobald ich mit dem Tier zu sehen war, schlug sie sich auf die Oberschenkel und rief den Hund herbei, der dann sogleich an ihr hochsprang und eine Belohnung für dieses von mir unerwünschte Verhalten erhielt. Ich ging schließlich zu ihrem Häuschen und klingelte. Von oben vom Badezimmerfenster aus rief sie im Sinne des Wortes herablassend herunter: "Verschwinden sie sofort! Mit so einer wie ihnen will ich nichts zu tun haben!" Ich wusste nicht, wie mir geschah und bat sie nochmals, vernünftig mit mir zu reden und mir zu sagen, was sie mir eigentlich vorwirft. Sie aber wies mich von ihrem Grundstück. Eine andere Nachbarin schleuderte mir ihre verächtlichen Vorwürfe direkt ins Gesicht, dass ich nämlich dauernd nur in Spanien sei, Pflegegeld kassiere und mich nicht um meine Mutter kümmere. Und eine dritte meinte, ich wäre ohnehin nur hinter dem Geld meiner Mutter her. Dabei war gar nichts mehr vorhanden, als ich bei meiner Mutter einzog.

Offensichtlich wurde ich als Störenfried empfunden, und überhaupt waren sich alle einig, dass meine Mutter gar nicht wirklich dement sei und ich mich lediglich einschleiche. Erst im Laufe der Zeit wurde wohl auch den letzten Zweiflern klar, dass ich nicht gelogen hatte. Aber immer noch gibt es Lästerzungen, die sich darüber einig sind, dass ich lediglich meinen eigenen Vorteil suche und meine Mutter schlecht behandele. In der Psychologie spricht man in einem solchen Fall von Übertragung. Die Menschen übertragen aus anderen schlechten Erfahrungen ihren Hass auf eine unschuldige Person. Dagegen kann man sich überhaupt nicht zur Wehr setzen sondern sollte es stillschweigend hinnehmen, solange keine direkten Störungen von solchen Menschen ausgehen. Das ist leicht gesagt, denn es ist nicht einfach, das wegzustecken und seinen Frieden anderweitig aufrecht zu erhalten, wenn man diesen Leuten laufend über den Weg läuft.

Meine Mutter besitzt ein kleines Reihenhaus mit 70 qm Wohnfläche. Meine spanische Wohnung betrug immerhin 90 qm. Ich hatte also zuzusehen, wie ich mich hier überhaupt hineinzwänge. Dazu nahm ich bei mir zu Hause erst einmal Maß, wie viel Meter Wandfläche ich für meinen Klimbim benötige und wie viel Meter mir dafür in Hamburg zur Verfügung stehen würden. Natürlich ergab das ein riesiges Defizit! Ich habe im Endeffekt fast die Hälfte meiner Habe auf dem Dachboden des Reihenhäuschens meiner Mutter einlagern müssen. Auf den Dachboden gelangt man nur durch eine herunterklappbare Treppe. Und der Fußboden dort ist auch nicht besonders fest. Er besteht lediglich aus locker verlegten Brettern und darf nicht zu schwer belastet werden. Und um genügend Stellfläche im 16 qm großen Balkonzimmer, Kellerkorridor und dem 8 qm großen Kellerraum zu erreichen, habe ich ein sehr großes und 60 cm tiefes IKEA-Regal für das Balkonzimmer im 1.Stock angeschafft, in das ich meine vielen Bücher in Doppelreihen hintereinander stellen konnte. Das Regal reicht fast bis zur Zimmerdecke hinauf und misst 220 m Höhe. Auf diese Weise sind die Bücher natürlich etwas unbequem zu erreichen.

Ferner ergab sich ein Problem mit der Telefon-Steckdose. Ich hätte hier einen erheblichen baulichen Aufwand treiben müssen, wie mir die Leute von der Telefongesellschaft und der Computerfachmann sagten, um sie in mein Zimmer in den ersten Stock zu verlegen. Außerdem mussten Internetanschluss, Computer und die Keyboardanlage zueinander kommen, denn über den PC werden Musikstücke bearbeitet. Beides muss direkt miteinander verkabelt werden. Erst nach vier Jahren, als ich mich gegen die gerichtliche Willkür zur Wehr setzte, habe ich im Wohnzimmer Änderungen vorgenommen und dann auch die Telefonanschluss-Geschichte verändern können. Natürlich alles auf meine Kosten. Der LAN-Anschluss kostete mich nochmals 800 €.

Aber die Zeit bis dahin musste ich mit meinem Computer und meiner Musikanlage samt meinem Bett in den 8 qm engen und etwas niedrigen Kellerraum gehen. Die Musikanlage besteht aus zwei Keyboards, großen Lautsprecherboxen mit Stativ, Mischpult, reichlich Kabeln usw., eben aus allem, was für einen Musiker, der damit vor großem Publikum auftritt, dazu gehört. Dazu gehört auch umfangreiches Notenmaterial. Folglich hatte ich auch im Keller, und zwar auf dem Korridor, weil ja in dem Raum selbst nicht ausreichend Platz war, weitere IKEA-Regale aufzustellen. Und der Korridor stand bereits voll mit den Sachen meiner Mutter. Deshalb musste ich für ausreichend weitere Stellfläche sorgen und kaufte dafür mehrere weitere 60 cm tiefe Regale.

Mein Bett passte nicht mehr in das Balkonzimmer hinein, wo ich ja bereits meine Bibliothek und meinen Kleiderschrank hinzustellen hatte. Ich kaufte mir ein zweistöckiges Bett, um so auch Platz für Besucher zu gewinnen und zog damit in den Kellerraum. Wenn Besuch von meinen Kindern und Enkeln kam, zwängte ich mich vorübergehend auf das viel zu kurze Sofa im Wohnzimmer meiner Mutter.

Es war also kein wirklich eigenes Zimmer für mich vorhanden. Und ich durfte im Wohnzimmer nichts verändern. Das Gericht schärfte mir ein, dass ich hier nur geduldet sei und jederzeit hinaus gesetzt werden könnte. Mir wurde eingehämmert, dass mir klar sein müsse, dass es nicht um mich sondern ausschließlich um das Wohl meiner Mutter geht. So habe ich hier also tatsächlich die ersten fünf Jahre lang in dem 8 qm großen Kellerraum vegetiert und dort auch geschlafen. Bis ich mich endlich auf die Hinterbeine gestellt und mir gesagt habe: "Wenn meine Mutter sich wohl fühlen soll, muss ich mich unbedingt an erster Stelle wohl fühlen, denn bei fehlender eigener Zufriedenheit kann ich meiner Mutter keinen adequaten Liebesdienst erweisen. Ich muss meine Mutter auch nicht bedienen sondern zu einer angemessenen gemeinsamen Wohn- und Lebensform mit ihr gelangen."

Ich stellte daraufhin das Wohnzimmer dergestalt um, dass wir nun beide unsere Sachen darin haben und es miteinander teilen. Dazu musste das große IKEA-Regal vom 1. Stock nach unten gebracht werden. Es ist eine sehr schön aussehende Wohnwand mit Böden für Bücher, zwei Glasvitrinen, Schubladen und einigen Türen und sieht wirklich recht schön aus. Ich ließ es nun endlich aus dem 1. Stock holen und richtete damit das Wohnzimmer neu ein. Das zog natürlich auch noch den Aufwand nach sich, beide Räume tapezieren und streichen lassen zu müssen. Da ich mir das nicht auch noch zumuten wollte, habe ich auf meine Kosten Handwerker geholt, die auch den Umzug und Wiederaufbau des ohnehin nur mit Mühen aufstellbaren Regals übernahmen.

Außerdem brachte ich den oft schreienden Papagei in eine private Papageien-Auffangstation bei Bad Oldesloe, wo das Tier zum ersten Mal in seinem Leben eine große Voliere hat und richtig frei fliegen kann. Er hat dort sofort eine Gefährtin gefunden und lebt auf immerhin 40 qm zusammen mit insgesamt 5 Artgenossen. Wir haben ihn dort besucht. Etwas besseres konnte Lorchen überhaupt nicht passieren!

Ich kaufte auf meine Kosten eine neue Küche, habe sie natürlich auch fliesen lassen. Die Waschmaschine ging kaputt, und ich habe auch die neu gekauft und gleich noch einen Wäschetrockner dazu. Einige Vorhänge waren extrem brüchig geworden, ein Teppich war voller Löcher durch Zigaretten von Mietern. Ich ließ im ersten Stock den gesamten Boden machen und habe im ganzen Haus neue Vorhänge angebracht, die ich teilweise selbst genäht habe. Und ich habe meiner Mutter ein Geländer mit festem Handlauf an der Eingangstreppe angebracht. Das war eine regelrechte Handwerksarbeit, die man normalerweise einer Frau gar nicht zutraut. Und so habe ich so manches im Hause selbst gemacht, um zu sparen: gebeizt und gestrichen, die Clos abgeschraubt und Rohre gereinigt und so weiter und so fort. Seitdem fällt mir das Leben wesentlich leichter, und es kommt kaum noch zu Spannungen. Bevor ich mich allerdings dazu durchgerungen habe, meine Ansprüche geltend zu machen, kam es sehr wohl immer wieder zu Spannungen und ab und auch zu lautstarken Äußerungen von mir.

Eines Tages kam die ehemalige Pflegerin meiner Mutter vorbei und bemerkte spitz, dass ich "ja doch alles auf den Kopf gestellt" und meine Mutter "überrumpelt" hätte. Das sei nicht rechtens! Besonders regte es sie auf, dass ich den Papagei "entsorgt" hatte. Meine Mutter hatte zu dem Tier insofern eine Beziehung, als sie ihn von ihrer Mutter übernommen hatte. Sie konnte aber selbst gar nicht richtig mit ihm umgehen und ließ den Käfig immer mehr verdrecken. Ich übernahm darum die Pflege vom Lorchen, fegte immer wieder den Schmutz weg, der herausfiel und wurde mehrfach erheblich gebissen.

Meine Großmutter hatte ihn regelmäßig aus dem Käfig geholt und sich intensiv mit ihm befasst. Meine Mutter redete zwar auch mit dem Papagei, stopfte ihn aber im übrigen mit Schokolade voll, sodass er schließlich lungenkrank wurde und wir mehrfach mit ihm zum Tierarzt gehen mussten. Da sein Käfig so eng war, dass er sich nicht einmal recken noch die Flügel ausstrecken konnte, hatte ich ihm bereits vor ein paar Jahren für viel Geld einen doppelt so großen Käfig geschenkt. Aber der Vogel stand mit seinem größeren Käfig im sehr engen Wohnzimmer nun mehr im Wege als vorher.

Man musste immer den Käfig beiseite schieben, wenn man an einen Schrank oder auf die Terrasse gehen oder hinter dem mitten im Wohnzimmer stehenden Sofa vorbei wollte. Das Zimmer hat ohnehin nur 20 qm, aber es waren drei Sofas drinnen sowie ein riesiger L-förmiger Schreibtisch und ein Bücherschrank. Und da der Papagei sofort schrie, wenn der Fernseher angemacht wurde oder wenn Menschen miteinander sprachen, wurde er oft auf den Korridor hinaus geschoben. Dort stand er vor dem Geschirrschrank und störte schon wieder.

Also kam er in die Küche, und dort störte er, wenn man kochen wollte. So wurde der Käfig ständig herumgeschoben und mit ihm das Lorchen. Wenn er schrie, knallte meine Mutter ihm eine Decke über den Käfig. Mir tat das Tier sehr leid. Und ich tat mir auch selbst leid, denn warum sollte ich mich derart vergewaltigen lassen, wenn doch von mir ein Liebesdienst erwartet wurde? Die Geschichte um das Lorchen und die Reaktion dieser Pflegerin, vor der ich Angst hatte, dass sie mich beim Vormundschaftsgericht denunzieren könnte, zeigt wieder einmal, welchem Druck pflegende Angehörige ausgesetzt werden, indem man ihnen nicht nur kaum erfüllbare zusätzliche Pflichten aufbrummt und ihnen jedes eigene Recht zu entziehen sucht. Die beste Methode ist, ein schlechtes Gewissen einzubläuen.

Aber ich stellte mich nach vier Jahren Dauerleidens auf die Hinterbeine und schaffte zwei der Sofas und den Papagei kurzerhand ab. Und die ehemalige Pflegerin, die meine Mutter anderthalb Jahre lang umsorgt hatte, bevor ich diese Aufgabe übernahm, betritt mir nicht mehr das Haus! Ich habe selbstbewusst aufgehört, mir Angst einjagen zu lassen und verlasse mich auf meine eigenen Entscheidungen. Als die Verfahrenspflegerin, eine Anwältin und die Vormundschafts-Richterin uns nach einer Anzeige aus der Nachbarschaft aufsuchten, haben die die häuslichen Veränderungen übrigens nicht kritisiert sondern sehr wohlwollend zur Kenntnis genommen.

Ich habe ferner dafür gesorgt, auch körperlich Ausgleich zu haben, gehe regelmäßig joggen und ins Fitnessstudio und habe seit dem 6. September 2006 durch das Schreiben mehrerer Bücher meine eigene Vergangenheit aufgearbeitet. Auch das war sehr, sehr wichtig. Am Ende des Buchs weise ich auf diese Bücher hin. In meinem ersten Buch, mit dem ich mir meine posttraumatische Belastungsstörung, wegen der ich berentet bin und an der ich jahrzehntelang gelitten habe, selbst wegtherapiert habe, bin ich auch auf die Lebensgeschichte meiner Mutter ausführlich eingegangen. In diesem kleinen Büchlein möchte ich darauf nicht eingehen sondern mich auf die Probleme beschränken, die einerseits durch den Charakter meiner Mutter bedingt sind, andererseits durch ihre senile Demenz. Und obendrein gibt es noch Belastungen durch liebe Mitmenschen, die so ganz und gar nichts davon verstehen, was ein pflegender Angehöriger ganz und gar freiwillig auf sich nimmt.

Ich beziehe meine Mutter, wo immer es geht, in die Hausarbeit mit ein, damit sie beschäftigt ist und geistig angeregt wird, denn schon geringfügige Arbeiten regen den Menschen zum Denken an. Und außerdem ist es eine gemeinsame Aktivität.

Meine Mutter sorgt in der Küche gern für sauberes Geschirr und "Ordnung". Da sie von vielen Dingen deren angestammten Platz vergisst, muss ich laufend suchen. Ich kann nicht einfach "gewohnt" nach einem Gegenstand greifen (Brotmesser, Zitruspresse, kleiner Mixer, Mixquirle, Rührlöffel, Vorlegebesteck, drei verschiedene Siebe, Bratpfanne usw...) sondern muss oft erst auf die Suche gehen. Darum habe ich mehrere Dinge mindestens doppelt angeschafft, zum Beispiel die Küchenschere. Und trotzdem ist oftmals keine von beiden zu finden.

Ebenso verkramt sie ihren Schmuck, wenn ich ihn nicht sofort verstaue. Wenn sie aber zwischendurch ihren Ring abnimmt, bekomme ich das nicht unbedingt mit. Sie möchte aber ihren Schmuck gern anlegen, und es ist immer eine Gradwanderung zwischen dem Freiraum, den man einem zu pflegenden Menschen unbedingt lassen muss und den trotz aller Liebe erforderlichen Einschränkungen dieses Freiraums. Es fehlen inzwischen drei goldene Ringe und eine wertvolle Bernsteinkette von ihrem Vater. Schlimm ist, dass sie solche Dinge in Papier einwickelt und dann in eine Tüte oder Schachtel steckt und diese ihrerseits irgendwohin an undurchschaubaren Orten verstaut.

Heute morgen entdeckte ich, dass unser Wecker aus dem Wohnzimmer verschwunden ist. Das ist wieder eine solche Absurdität, die für einen normalen Menschen nicht nachvollziehbar ist.

Natürlich ist sie völlig unschuldig, und ich
habe mehrfach nach der Uhr gesucht. Es ist
einfach sehr lästig, dass sie immer wieder
solche Sachen macht. Schlimmer als ein junger
Hund, vor dem man immerhin seine Puschen verste-
cken kann. Aber ich kann nie voraussehen, welche
Absurdität meine Mutter sich im nächsten Moment
wieder einfallen lässt. Sie folgt einfach einem
inneren Impuls, und mir bleiben Unbehagen, Unbe-
quemlichkeit und Durchkreuzung gewohnter Abläufe
wie beispielsweise, mal eben in die gewohnte
Richtung nach der Uhr zu sehen.

Beispiele für falsches Wegräumen: Reine
Küchengegenstände landen im Geschirrschrank in
unserer Essecke, Geschirr landet im Kühlschrank
oder, wenn ich Pech habe, im großen IKEA-Regal
im Wohnzimmer (Wohnwand). Und dort suche man
mal!! Die Kaffeedose stellt sie ab und an in den
Kühlschrank, Zitruspresse landet bei den
Kochtöpfen, oder hier oder dort. Und die Kleinteile der vier Küchenschubladen landen irgendwo
kreuz und quer.

Auch hier gilt wieder die Maxime, abzuwägen,
wie viel Freiraum sie unbedingt behalten sollte,
wie viel Handlungsradius ihr unbedingt erhalten
bleiben muss und wie viele Einschränkungen ich
ihr dennoch auferlegen muss, um 1. nicht selbst
verrückt zu werden und 2. Sicherheitsvorkeh-
rungen zu treffen. Gott sei Dank kommt sie mit
dem Herd klar. Es ist dort bislang noch nichts
passiert. Natürlich könnte ich die Küchentür
zuschließen. Da aber das Schloss durch Malerar-
beiten schon vor Jahrzehnten völlig verklebt
wurde, müsste ich erst einmal auf meine Kosten
einen Schlosser kommen lassen. Außerdem sollte
man demente Menschen möglichst nicht mit
verschlossenen Türen drangsalieren. Es würde ein
weiteres Stück Lebensqualität und Bewegungsfrei-
heit kosten und im Sinne des Wortes einengen.

Wenn ich nicht aufpasse, kramt sie hinter meinem Rücken Dinge sehr gründlich weg, die ich während der Hausarbeit mal kurz irgendwo ablege. Das kann der Handfeger sein, ein Kleidungstück oder sonst irgend ein Gegenstand. So verschwand vor drei Wochen, nachdem meine Mutter die Wäsche gelegt hatte, der Vorlegeteppich für die Toilette und vor ein paar Tagen zum x-ten Male die gerade gewaschene Hüftschutzhose. So eine Hose kostet erinnerlich über 80 €! Auch die habe ich gleich doppelt gekauft, weil sie ständig von meiner Mutter verkramt wird: an immer anderen Orten. Entweder suche ich dann tagelang immer mal wieder oder gebe es auf oder fange gar nicht erst damit an, weil es einfach stressig ist.

Diese Hose verhindert bei einem Sturz mit 95%iger Wahrscheinlichkeit einen Oberschenkel-halsbruch. Meine Mutter ist in den letzten Jahren wiederholt schwer gestürzt und hat sich Knochenbrüche zugezogen. In diesem langen Winter war ich ständig dahinter her, dass sie ihre Schuhe mit Spikes trug. Auch das hat sehr viele Überredungskünste und Kontrollen erforderlich gemacht. Als sie eines Tages mit mit unterwegs war, ist sie trotzdem ausgerutscht und auf vereistem Untergrund auf die Hüfte gefallen. Die Hose hat den Sturz Gott sei Dank gut abgefedert. Sie ist wirklich unbedingt erforderlich.

Was das ständige Verkramen anbelangt, so habe ich mir weitgehend angewöhnt, damit zu leben, dass ich die Hoffnung nicht aufgeben sollte, das Verlegte irgendwann zufällig wieder zu entdecken und bis dahin eben ohne auszukommen. Das dauert erfahrungsgemäß zwischen ein paar Tagen bis zu einem dreiviertel Jahr! Und ein unangenehmes Gefühl bleibt immer, wenn die Sachen absolut nicht wieder auftauchen. Meistens finde ich sie dann wieder, wenn ich schließlich doch Ersatz gekauft habe. Mal sehen, wann die verkramte Uhr auftaucht oder ob ich irgendwann doch Ersatz anschaffe.....

Ähnliches passiert leider auch mit der Wirbelsäulenbandage meiner Mutter. Einen solchen Gegenstand kann man einfach nicht doppelt und dreifach anschaffen, zumal diese Stütze vom Arzt verschrieben wurde. Gestern sah ich, wie sie sie beim Toilettengang abnahm und anschließend in einer Zeitung einwickeln wollte, um sie dann irgendwohin zu verstauen. Nie und nimmer hätte ich sie wieder gefunden, wenn sie auch noch eingewickelt wird! Sie wickelt insbesondere kleine Gegenstände gern in Taschentücher oder Zeitungspapier klitzeklein ein, um sie anschließend irgendwohin willkürlich "weg zu räumen".

Wenn ich das nicht zufällig sehe, finde ich sie bis zum Sankt Nimmerleinstag nicht wieder und werfe sie möglicherweise sogar weg, weil ich sie für Abfall halte. Ich habe mir daher angewöhnt, alles, was klein eingewickelt wurde, auszuwickeln und nachzusehen. Manchmal finde ich dann lediglich Weintraubenkerne und dergleichen ausgespuckte Kleinteile vor, die sie aufbewahren will. Sie steckt die Sachen aber beispielsweise in eine leere Streichholzschachtel und die wieder in eine Schublade und dort in einen Kasten. Also absolut nicht wieder auffindbar! Das hat sie mehrfach mit Schmuck gemacht, und ich fürchte, dass auf diese Weise möglicherweise mindestens ein Ring von mir selbst weggeworfen worden ist.

In ihrem Schlafzimmer verlegt sie Kleidung, die ich ihr zurecht gelegt habe, indem sie sie irgendwohin wegräumt, wo kein Mensch danach suchen würde. Lege ich ihr saubere Kleidung hin, holt sie sich die schmutzige wieder. Also habe ich mir angewöhnt, derartige Kleidung sofort aus dem dafür vorgesehenen Behälter zu entfernen. Und selbst dann, wenn wir gemeinsam die Kleidung bereit legen, bleibt sie ja irgendwann doch damit allein, und sie kann wieder alles schön verkehrt weglegen und sich etwas anderes holen.

Übrigens ist sie gar nicht mehr in der Lage, sich der Jahreszeit entsprechend vernünftig zu kleiden. Sie zieht sich im Hochsommer den Wintermantel und dazu einen Wollschal an, wenn ich diese Dinge nicht vorher verstecke. Umgekehrt zieht sie sich im Winter zu leicht an. Und wenn sie das, was sie nicht findet, anziehen will, fragt sie mich. Und ich muss dann wieder denselben Stuss erklären. Wieder und wieder und wieder noch einmal wieder. Das nervt allerdings.

Bevor ich zu ihr zog, war ihre Kleidung uralt, teilweise kaputt, katastrophal ungepflegt und ständig schmutzig. Ich habe ihr damals als erstes - von meinem Geld natürlich - völlig neue Kleidung gekauft, habe sie von Kopf bis Fuß erst einmal eingekleidet, sodass sie nun wirklich adrett und gepflegt aussieht. Eigentlich hätte das den gehässigen Nachbarinnen auffallen müssen, wie gut meine Mutter plötzlich aussah. Auch ihre Haare schneide ich regelmäßig selbst und fühle mich ebenfalls für ihre Fuß- und Handpflege zuständig. Dafür habe ich eigens eine elektrische Maschine angeschafft.

Natürlich bin ich auch für Gänge zum Arzt zuständig. Sie würde allein den Weg gar nicht finden. Außerdem vergisst sie unterwegs mehrfach, wohin wir eigentlich unterwegs sind. Meine Mutter ist wirklich völlig hilflos und ständig auf Hilfe und Begleitung angewiesen.

Das Suchen nach Kleidungsstücken hat ebenso groteske Formen angenommen wie alles andere auch, da sie sich die abstrusesten Plätze sucht. Deshalb bin ich möglichst anwesend, wenn sie nach dem Wäschelegen ihre Kleidung aufzuräumen versucht. In meiner Gegenwart allerdings stellt sie sich besonders dumm und hilflos an. Ich

bringe unaufhaltsam sehr viel Geduld auf, um sie
sinnvoll zu beschäftigen und ihr Gehirn zu trai-
nieren. Leider "gansert" sie aber immer dann,
wenn Menschen in ihrer Nähe sind. D.h. sie
benimmt sich betont hilflos und erfragt unentwegt banalste Handlungsschritte die sie allerdings bestens ausführen kann, solange sie allein
ist.

Das "Ganser-Syndrom"[1] hat weder mit der vaskulären Demenz noch mit der Alzheimer-Krankheit
etwas zu tun sondern ist eine neurotische
Persönlichkeitsstörung und wird als hysteri-
forme, zwanghafte Psychose bezeichnet. Hinzu
kommt bei ihr eine teilweise schizoide, also
stark verdrängende und teilweise zwanghafte
Charakterstruktur[2] hinzu, die es ihr wohl auch
unmöglich gemacht hat, während ihrer langjährigen Psychoanalyse ihre eigenartige Überlebensstrategie zu erkennen und weg zu bekommen.

Je mehr ein Außenstehender einen einerseits
gansernden, andererseits in Panik geratenden
Menschen beschwichtigen möchte, desto mehr eskaliert die Situation und je besser man zu infor-
mieren und erklären trachtet, desto unsicherer
werden die Betroffenen, weil ihnen jede Erklärung neue Fragen aufwirft. Sie zeigen weiterhin
ihren "Scheinblödsinn", hören vorbei, handeln an
der Sache vorbei, reden vorbei, simulieren
bewusst oder unbewusst, leiden unter dissozia-
tiven Störungen, vollbringen groteske Fehlhand-
lungen und ziehen ebenso groteske Fehlschlüsse.
Dazu gehört auch das Zumachen der Ohren für
jegliche Belehrung. Es wird zwar laufend weiter
gefragt, aber eine Antwort wird gar nicht
richtig eingeordnet noch soll sie eingeordnet
werden, denn das Nicht-Folgen um der eigenen

---

1 http://www.psychosoziale-gesundheit.net/psychiatrie/ganser.html
2 Über die Grundformen der Angst bzw. die vier Grund-Charaktere
kann man in Fritz Riemanns "Grundformen der Angst", erschienen im
Ernst Reinhard Verlag, nachlesen.

Freiheit willen ist das Zweckziel solchen
Verhaltens. Und am Ende wird doch gemacht, was
der Betroffene selbst will.

Derartige Menschen haben verständlicherweise
schon in der Kindheit erhebliche Lernstörungen
und erscheinen teilweise liebenswürdig, andererseits aber als sonderbare Außenseiter. Je länger
man mit ihnen zusammen ist, desto mehr wird man
mit ihrer Eigenheit konfrontiert, die bei kurzen
Berührungspunkten meistens nicht auffällt, da
sie erst in Auseinandersetzungs-Situationen
eskaliert.

Zum sonderbaren Verhalten kann auch Desorien-
tiertheit gehören, die durch aufkommende Panik
noch schlimmer wird. Es kann kein klarer Gedanke
mehr gefasst werden. Auf körperliche Sensationen
- und sei es nur ein Wind, der durch die Därme
geht - wird mit Panik reagiert. Bloßes Berühren
zu Untersuchungszwecken wird schreckhaft als
Schmerz empfunden. Meine Mutter zuckt unter den
untersuchenden Händen von Ärzten meistens
zusammen und fängt manchmal auch mit den Zähnen
zu klappern an. Gansernde Menschen benehmen sich
ausgesprochen hysterisch, ja, panisch, sobald
sie sich eingeengt und verunsichert fühlen. Sie
haben das Gefühl, den Boden unter den Füßen zu
verlieren und ihre Unabhängigkeit und Selbstsicherheit zu verlieren. Durch das Sich-dumm-
stellen erhoffen diese Menschen wahrscheinlich
zuwendende Hilfe, weil ja automatisch Hilfe und
Zuwendung gewährt wird, wenn sich ein Mensch
hilflos gibt. Wenn er/sie dann aber das Pech
hat, an einen Machtmenschen zu geraten, schmiegt
er/sie sich eng an ihn und erwartet von ihm alle
Lösungen der eigenen Probleme. Das Phänomen ist
als Stockholm-Syndrom bekannt, und die Betroffenen werden eher ausgenutzt als dass ihnen
geholfen würde.

Eine gestörte Wahrnehmung haben wir aber nicht nur bei Persönlichkeitsstörungen sondern auch bei der klassischen Demenz. Meine Mutter leidet nicht an der Alzheimerschen Krankheit sondern an vaskulärer Demenz. Diese beruht auf Durchblutungsstörungen aufgrund fortgeschrittener Arterienverkalkung im Gehirn. Und die Arteriosklerose wieder ist ausschließlich bedingt durch zivilisatorisch veränderte Kost: Eine ernährungsbedingte Zivilisationskrankheit.

Durch die auf dem Zustand der verengten Arterien bedingte schlechte Versorgung mit Nährstoffen und Sauerstoff sterben Gehirnzellen ab, und die Gehirnfurchen werden durch den Verlust an Gehirnmasse erheblich breiter und tiefer. Synapsen (Nervenverbindungen) finden nicht mehr richtig zueinander. Es kommt zu den unterschiedlichsten Störungen. Das Kurzzeitgedächtnis leidet als erstes. Später ist auch das Langzeitgedächtnis betroffen, und die Betroffenen erkennen ihre eigenen Kinder nicht mehr. Und auch Veränderungen der Persönlichkeit können sich einstellen. So kann ein vorher lammfrommer Mensch plötzlich sehr aggressiv werden, wenn bestimmte Gehirnareale von den Ausfällen betroffen sind.

Bei meiner lieben Mutter fällt die lebenslange Charakter- und Persönlichkeitsstörung zusammen mit der inzwischen eingetretenen vaskulären Demenz, die auch durch CT nachgewiesen wurde. Da ich sie nicht erst jetzt kennen gelernt habe sondern ich ihre Lebensgeschichte, mit der ich selbst verknüpft war, gut kenne, glaube ich zu wissen, wo sich die körperliche Krankheit (Demenz) zeigt und wo es sich um neurotische Störungen handelt. Beides lässt sich allerdings kaum noch voneinander abgrenzen. Und da sie ohnehin nicht mehr lernfähig und im Sinne einer kognitiven Therapie nicht mehr behandelbar ist, muss ich sie so nehmen, wie sie sich gibt. Es ist an der Endgültigkeit ihrer Verhaltensweise ja nicht mehr zu rütteln. Jegliche Einsichtsfähigkeit ist absolut vergangen. Es geht nur noch darum, trotz all dieser, ein Zusammenleben erheblich erschwerenden Voraussetzungen, für uns beide erträgliche Bedingungen zu schaffen. Und darum muss ich über ihre reichlichen Unzulänglichkeiten hinwegsehen. Doch schauen wir weiter, mit welchen Problemen wir hier zu Hause laufend konfrontiert werden.

Meine Mutter zieht sich normalerweise selbständig an. Bin ich aber nach dem Baden in ihrer Nähe - ich muss sie schon lange baden, weil sie das nicht selbst kann -, ist sie nicht in der Lage, die Kleidungsstücke in der richtigen Reihenfolge anzuziehen. Da wird ohne BH noch Hemd oder Pullover sofort die Strickjacke ihres Twinsets angezogen und der Rock ohne Unterhose und Strumpfhose. Bin ich in ihrer Nähe, gerät sie derart durcheinander, dass sie jedes einzelne Kleidungsstück erfragt, weil ihr Blackout jegliche Logik und sogar automatisch ablaufende Handlungen außer Kraft setzt. Sie muss wohl in der Kindheit gelernt haben, nichts selbstständig zu machen, da sie ein ähnliches Verhalten lebenslang zeigte, sobald Menschen in ihrer Nähe waren. Wenn ich sie aber allein lasse, zieht sie sich problemlos korrekt an.

Sie fragte immer schon lieber andere Leute, bevor sie eigenes Nachdenken und eigene Strategien entwickelte. Ich glaube, dass sie es auch darum tat, um einfach mit jemandem ins Gespräch zu kommen, um also soziale Kontakte zu knüpfen. Tatsächlich hat sie auf diese Weise langjährige Freundschaften aufbauen können, obwohl sie ständig zu klagen pflegte, dass sie keine Menschen kennt, Kontaktschwierigkeiten hat und so allein ist. Auf ihre Mutter traf das alles zu, aber meine Mutter hatte immer einen sehr großen Freundeskreis.

Dass sie gern andere Leute fragt, widerspricht nicht ihrer beruflichen Tüchtigkeit im selbständigen Beruf (Dolmetscherin, Übersetzerin, Sprachlehrerin und Autorin) sondern unterstreicht es noch: Sie wurde erst nach dem Tod ihres Mannes, mit dem sie nur vier Jahre lang verheiratet gewesen ist, im Alter von fünfundvierzig Jahren selbständig und das auch nur, solange niemand ihren Radius kreuzte. Sofort legte sie jegliche Selbständigkeit wieder ab, wenn jemand in der Nähe war. Dann wusste sie nicht mehr, ob sie eigentlich Rechtshänderin oder Linkshänderin ist, um das mal ein wenig überspitzt zu formulieren. Es ist auch meinen Kindern stets aufgefallen, das unsere Oma ein wenig sonderbar war. Sie sagten dann immer: "Oma nervt schon wieder. Sie dient sich wieder mal an. Oma macht sich wieder mal klein. Wenn sie doch bloß mit den dummen Witzen aufhören würde!"

Meine Mutter gießt immer mal wieder Seidenblumen. Ich habe daher aus dem Wohnzimmer alle entfernt. Sie geht aber ab und an auch in mein Schlafzimmer und gießt dort meine Seidenpflanzen. Wenn ich ihr erkläre, dass es sich um künstliche Pflanzen aus Seide und Draht handelt, betastet sie sie und antwortet: "Die sind doch aber ganz trocken und brauchen Wasser." Wenn ich dann nochmals erkläre, antwortet sie dasselbe nochmals. Auch bei mehrfachem Erklären geht das stereotyp so weiter. Ergo: Derartige Erklärungen sind absolut sinnlos, da sie ihnen nicht folgen kann. Sie kann das Gehörte nicht immer in ihre eigenen Anschauungen und Erkenntnisse einbauen.

Sie gießt die Pflanzen im Wohnzimmer mehrfach, obwohl das Wasser bereits überläuft. Als pflegender Angehöriger sollte man nicht laufend versuchen, logische Erklärungen zu geben, weil man sich selbst nur überanstrengt. Der Rat ist allerdings nur halb richtig, da manche demente Menschen auf Erklärungen pochen und keine Ruhe geben, bevor sie verstanden haben, worum es geht. Da aber das Verständnis so kurz wie das Gedächtnis ist, sollte man sich überlegen, wo man Erklärungen gibt, wie oft man das tut und wo man lieber das Weite sucht, um das ständige Gefrage nicht mehr hören zu müssen. Das geht aber nur, wenn es eine Rückzugsmöglichkeit gibt!

In einem Fall hat mir meine liebe Mutter die "trockenen, viel zu langen" künstlichen Efeu abgeschnitten, die links und rechts eines wunderschönen Toscana-Gemäldes in unserem gemeinsamen Wohnzimmer hingen. Bei anderen Versuchen dieser Art habe ich sie bislang stoppen können. Dafür hat sie aber gerade eben die Spielmäuschen meiner Katze vom Boden aufgehoben, fein säuberlich in Papier gewickelt – natürlich jede einzeln – und wollte sie in einer Schachtel auf unserem großen Wohnzimmer-IKEA-Regal verstauen. Das ist auch so ein Störfaktor, denn die Katzen-Spielsachen müssen nun einmal ständig auf dem Boden liegen bleiben. Für die nächsten Augenblicke hat sie es verstanden, aber das "Ostereier-Suchen" wird für mich weiter gehen.....

Es erscheint mir notwendig, auf ihre sehr unangenehme Charaktereigenschaft des Ganserns nochmals einzugehen, um klar herauszustellen, dass das ständige Zusammenleben mit ihr auch ohne Demenz reichlich strapaziös ist und reichlich Disziplin erfordert. Wahrscheinlich war sie deshalb auch nicht wirklich zur Ehe fähig.

Der Mann, mit dem sie in reiferem Alter vier Jahre verheiratet war, suchte dringend ein Dach über dem Kopf. Sein Sohn, der Sozialarbeiter geworden ist, berichtete mir viele Jahre nach dem frühen Krebstod seines Vaters, dass er schwer unter ihm zu leiden gehabt hätte. Er wurde ab seinem siebten Lebensjahr immer dann von ihm vergewaltigt, wenn er Stärke demons-

trieren wollte. Er bekam dann sogar zu hören:
"Jetzt zeige ich dir mal, wer von uns beiden der
Stärkere ist!" Dann musste der Junge seinem
Vater in den Fahrradkeller folgen.... Und noch
andere drastische Vorkommnisse schilderte er
mir, die ein eigenes Buch füllen könnten. Es ist
schier unglaublich, zu welchen grausamen Gehäs-
sigkeiten und Grausamkeiten mit eigenen Minder-
wertigkeitskomplexen behaftete Machtmenschen
fähig sind. Mal mit der Faust auf den Tisch zu
schlagen oder lautstark seinen Unmut zu äußern,
gehört zu den normalen Lebensäußerungen. Aber
Unterdrückungsstrategien unterliegen krimineller
Boshaftigkeit. Und die eigene Boshaftigkeit
sollte man eigentlich unter Kontrolle bringen
können!

Seine Mutter ließ sich wegen der Vergewalti-
gungen ihres Sohnes schließlich nach siebzehn
Jahren Ehe scheiden. Und der Vater brauchte
schnell eine andere Bleibe. So lernte er in
Planten un Blomen meine Mutter kennen. Ihr
gegenüber war er stets liebevoll, und auch mir
erschien er als wertvoller Mensch. Aber es gab
keinerlei Kontakt mehr mit seinen Kindern. Als
ich ihnen von seinem bevorstehenden Ende
schrieb, hatten sie immer noch kein Interesse an
ihm. Die Tochter suchte ihn im Krankenhaus auf
und sagte: "Sofia hat mir geschrieben, dass ich
mal nach dir sehen soll. Da bin ich." Ansonsten
haben die beiden kein Wort miteinander gewech-
selt, und mein Stiefvater trug es mir bis zu
seinem Lebensende nach. Ich gehe davon aus, dass
er befürchtete, ich würde die Wahrheit über ihn
erfahren. Ich habe aber erst Jahrzehnte später
begriffen, was da los war, als ich den Sohn
anrief und ihm die goldene Uhr und einen Brill-
lantring seines Vaters geben wollte. Bei unserer
einzigen Begegnung kam er dann zögerlich mit der
ganzen Wahrheit heraus. Er hat wegen der
schweren Schädigungen durch seinen Vater eine

achtjährige Psychoanalyse gemacht und ließ sich bereits mit dreiundzwanzig Jahren sterilisieren, weil er Angst hatte, möglicherweise selbst gegen ein eigenes Kind gewaltig zu werden.

Seine Schwester hat ebenfalls Soziologie studiert und hat keine eigenen Kinder aber ständig Pflegekinder zu Hause. Das heißt, beide wurden unfähig, eigene Kinder groß zu ziehen, haben aber ihre Vergangenheit durch Analyse und Berufswahl in den Griff bekommen. Mit einem solchen Mann also war meine Mutter vier Jahre lang bis zu dessen Tod verheiratet: Einem Kinderschänder.

Meine Mutter absolvierte nach der Schule eine Fotografenlehre, aber wegen eines Augenfehlers musste sie sich umorientieren. An der Volkshochschule lernte sie Italienisch und bekam nach zwei Zwischenstellen schon bald eine gute Anstellung als Übersetzerin und Dolmetscherin in der italienischen Botschaft in Berlin. Das wurde für sie und mich schicksalbestimmend, denn so lernte sie meinen sizilianischen Vater kennen, dem sie in den Nachkriegswirren in die Heimat folgte.

Der Vater meiner Mutter, mein Großvater also, hatte von ihr verlangt, ihn mit erigiertem Penis zu fotografieren, was seinerzeit zur Scheidung ihrer Eltern führte, nachdem er ihre Mutter ohnehin laufend betrogen hatte und zu Hause stets nur sehr wenig Geld abgab, dafür aber seinen Freundinnen gegenüber sehr großzügig war. Man kann die Tat meines Opas durchaus als sexuelle Misshandlung einstufen. Meine Mutter hat sich auch lebenslang recht altjüngferlich und sexualfeindlich gezeigt und ist zu mir gekommen wie Maria zu ihrem Kind.

Dass derartige Vorgeschichten, die uns das Leben schreibt, sich im eigenen Leben und vor allem im Zusammenleben auswirken, ist inzwischen

allgemein bekannt. Und so ist es auch nicht
unbedingt anzukreiden, wenn ein Mensch unangenehme Charakterzüge entwickelt, wenngleich wir
sie nicht einfach ignorieren und mit dem Deck-
mantel der Liebe zudecken sollten. Vielmehr
bringt uns gerade das Befassen mit unserer
Geschichte die Möglichkeit, durch bessere Kennt-
nisse neue Erkenntnisse zu gewinnen und unsere
Geschichte weder zu wiederholen noch an unsere
Kinder weiter zu reichen. Leider kommt eine
solche Lebensweisheit aber erst mit reiferen
Jahren, wenn wir die eigenen Fehler, die wir an
den Kindern begangen haben, nicht mehr gut
machen können. Wir können dann nur auf ihre
selbständige Weiterentwicklung und Verwirkli-
chung ihrer Möglichkeiten hoffen. Das aber liegt
nicht mehr in unserem Einflussbereich.

Die soziale Problematik meiner Mutter besteht
auch heute noch aus den beiden sanften Ellen-
bogen, mit denen sie sich ihre Position im Leben
zu verteidigen und erhalten sucht: 1. im Sich-
klein-und-dümmlich machen durch Gansern und 2.
im Menschen-auf-die-Schippe-nehmen, um sie
lächerlich erscheinen zu lassen, mit dem unbe-
wussten Zielzweck, die eigene Furcht vor ihnen
niedrig zu halten. Erscheinen ihr die
Mitmenschen in ihrem Umgang mit ihnen nämlich
lächerlich und sie selbst dümmlich, muss sie
keine Ängste mehr vor ihnen haben, und sie kann
sich freier bewegen. Auf diese Weise laviert sie
sich einerseits mit Ausweichmanövern und andererseits mit Frontalangriffen durchs Leben und
hat nicht erkannt, dass der Schuss dabei oft
genug nach hinten losgegangen ist, denn die
Menschen lassen sich das nicht einfach gefallen
sondern ziehen sich von ihr zurück, sobald sie
sich so benimmt.

Es ist unter dieser Sozialstruktur, die sie
sich in neurotischer Weise aufgebaut hat, leider
nicht immer möglich, meine Mutter zum gemein-

samen Zubereiten einer einfachen Mahlzeit hinzu zu ziehen, da sie sich in extremer Weise mit zwei linken Händen zeigt und ich es durchaus nicht hinnehme, wenn sie mich zu verschaukeln trachtet. Das Gansersyndrom zeigt sich in einem Scheinblödsinn, bei dem sinnlos vorbei geredet oder vorbei gehandelt wird und die Lächerlichmachung meiner Person, die vor allem vor Dritten zum Ausdruck kommt aber auch zu Zweit durchgezogen wird, macht mich wütend. Also entziehe ich mich ihr und entziehe ich sie mir, sobald diese Mechanismen bei ihr ablaufen. Man muss sie dann einfach im Regen stehen lassen.

Das störende Verhalten zeigt sich, wie schon erwähnt, unter einer bestimmten Situation in extremer Weise: Wenn sie selbständig und selbstverständlich etwas tun möchte oder soll, obwohl Menschen in ihrer Nähe sind oder wenn sie glaubt, man würde von ihr etwas erwarten. Am schlimmsten sind so genannte fremd gestellte Aufgaben. Also Aufgaben, die sie sich nicht selbst stellt. Sie ist beispielsweise unfähig, nach eigenem Gutdünken eine Tomate oder Zwiebel zu schneiden oder einen Salat zuzubereiten, wenn jemand in ihrer Nähe ist. Allein würde ihr das keine Probleme bereiten. Sie war wohl darum auch immer extrem nervös beim Kochen. Niemand durfte dann in ihre Nähe kommen, weil sie unter höchstem Angstdruck ihre Arbeit verrichtete und lauter Fehler machte, wenn man sie auch nur ansprach. Sofort brach sie in unkontrolliertes, hysterisches Geschrei und Schuldzuweisungen aus. Auch ihr Mann hat das ständig über sich ergehen lassen. So manches Mal kam er völlig entgeistert aus der Küche heraus und sagte dann: "Ich halte das nicht aus! Ich halte das nicht mehr aus!"

Angst davor, etwas falsch oder nicht rechtzeitig zu machen, hat ihr gesamtes Berufsleben und auch die Kocherei und sonstige Arbeiten begleitet. Wenn man dann aus der Küche ging,

statt ihr zu helfen – ich spreche nicht nur von
mir selbst sondern auch von ihrem Mann bzw. von
meinen Kindern oder ihren Freundinnen – kamen
Vorwürfe wie: "Alles muss man allein machen!
Keiner hilft! Alles verdrückt sich nur!" Na, und
dann kam sie sich natürlich sehr bemitleidens-
wert vor.

Und ganz offen gesagt: Auch ich habe eine
derartige Verhaltensweise übernommen und fleißig
mein Umfeld beschuldigt, wenn ich wieder einmal
die ganze Arbeit auf mich selbst gezogen hatte.
In meinen beiden veröffentlichten Selbsttherapiebüchern und der nicht veröffentlichten Familienchronik nehme ich da kein Blatt vor den
Mund. Denn es geht nicht um Beschuldigungen
sondern ausschließlich darum, Hintergründe zu
erleuchten und Auswege und ganz neue Wege zu
finden. Es ist nämlich nie zu spät dafür, an
seinem Charakter zu arbeiten. Meine Mutter hat
zwar eine fünfjährige Psychoanalyse gemacht,
aber ganz offensichtlich wesentliche Charakter-
schwächen ebenso wenig aufarbeiten können wie
ihre Vergangenheit, die sie auch heute noch
belastet und die sich mit ihrer Demenz vermi-
schen und laufend ihr bekanntes altes Frätzchen
zeigen. Ich habe darunter aber nicht wirklich zu
leiden, weil ich mir den Stiefel ihres neuroti-
schen Fehlverhaltens und ihre Beschuldigungen
nicht mehr anziehe.

Wenn man einen altersdementen Menschen pflegt,
sollte man sich nicht nur mit dessen Demenz
befassen sondern auch mit den Fehlentwicklungen
seiner Persönlichkeit. Dadurch gewinnt man ein
besseres Gesamtbild und kann sich selbst besser
aus der Schusslinie halten. Man vermeidet es, in
die bereit gestellten Fettnäpfchen hinein zu
treten. Bestimmte Neurotiker wollen immer wieder
die eigenen und die Grenzen ihrer Mitmenschen
ausreizen. Sie suchen geradezu nach jeder Gele-
genheit, andere Leute aus der Fassung zu

bringen, um dann mit dem Finger auf sie zeigen zu können und zu sagen: "Siehste wohl! Was du für einer bist!" Möglicherweise verbergen sich derartige unbewusste Intentionen auch in der Schluderei der Nachbarschaft: Man möchte mich gern aus der Fassung bringen!

Die Vergangenheit oder das, was uns an unseren Mitmenschen oder uns selbst nicht gefällt, auszuklammern, zu verschweigen oder gar schön zu reden, ist der falsche Weg. Vergangenes muss ebenso wie unvermeidbares Gegenwärtiges integriert werden. Verdrängen und Abspalten schafft keine Lösungen sondern allein die Integration und Wandlung überall dort, wo Veränderung möglich ist. Mit dem unvermeidbaren Rest zu leben und dennoch glücklich und zufrieden zu bleiben, sei unser edelstes Ziel. Es ist durchaus erreichbar! Wie gesagt: Durch das Erkennen der aufgestellten Fettnäpfchen.

Meine liebe Mutter kann, wenn sie sich so richtig unter Druck fühlt, regelrecht "maliziös" werden und extreme Wortklaubereien betreiben, wie ich sie auch von ihrem Vater her kenne. Der hat damit die ganze Familie aufgezogen und verrückt gemacht. Das war stets eine schwere Belastung für seine Mitmenschen. Das diesbezügliche Verhalten meiner Mutter und auch ihres Bruders ist eine typische Charaktereigenschaft gewesen, mit der sie mich als Kind schwer belastet hat. Auch ihr elf Jahre jüngerer Bruder quält seine Mitmenschen immer mal wieder mit diesen grotesken Absurditäten.

Wenn er sich ärgert, glaubt er, andere Menschen dadurch zu ärgern, dass er sich ins eigene Fleisch schneidet. Nicht mit dem Messer sondern durch irrsinnige, selbstschädigende Handlungen, die einem Selbstverstümmelungsverhalten durchaus vergleichbar sind. Ich habe ihn mehrfach im Zorn gezielt diagonal über eine

belebte Kreuzung gehen sehen, dabei stehen blei-
bend und die Autofahrer anbrüllend. In Dresden
lief er mitten in der Stadt in der Mitte der
Straßenbahnschienen und gefährdete sich und
andere Menschen.

Derartige groteske Handlungen laufen sowohl
bei meiner Mutter als bei ihrem Bruder regelrecht zwanghaft ab und wurden oftmals ad
absurdum betrieben. Es war, solange ich ihr als
Kind ausgeliefert war, eine arge Belastung für
mich. Ich konnte mich davor auch nicht schützen,
weil es unvermittelt losging. Aber ich sagte mir
mit zunehmendem Alter jedes Mal: "Arme Irre!" Es
sind allerdings auch heute noch Reste ihres
kranken Verhaltens vorhanden, die sie leider
nicht aufarbeiten konnte, bevor ihre Demenz sich
auch noch aufgepfropft hat.

Als ich Kind war, schaukelte sie sich immer
mal wieder hysterisch in Wut und hat mich dann
auch schwer geschlagen oder bestraft, weil ich
mich angeblich nicht klar ausgedrückt hätte oder
frech und ungezogen gewesen sei. Eine Szene ist
mir noch heute im Kopf, wo sie mich vor ihrer
besten Freundin der Frechheit beschuldigte, dass
ich eine schwere Belastung für sie sei, ihr das
ganze Leben verbauen würde, sie keinen Mann
kriegt, weil ich im Wege sei, meine Sachen nicht
aufräume und ständig nur im Bett herumliege. Sie
schlug mich wie irr mit Fäusten ziellos windel-
weich, schrie wie eine Irre, zertrat mein Blech-
spielzeug, und die Freundin nahm nicht mich, das
wahre Opfer, in Schutz, sondern meine Mutter.
Beide Frauen hackten dann gemeinsam auf mir
herum.

Ich wurde "geschändet" und zugleich wurde die
Schande auf mein Haupt gehäufelt. Meine Mutter
atmete in ihren Panikattacken immer wie eine
Verrückte. Auch heute hyperventiliert sie unter
Stress, was die Situation eskalieren lässt.

Dabei bereitet ihr bereits das Reinigen von Erdbeeren Stress, wie ich gestern feststellen konnte. Solange sie damit beschäftigt war, hyperventilierte sie pausenlos. Und immer wieder fragte sie nach, ob sie die Dinger denn nun wirklich "richtig" reinigt und schneidet! Es ist wohl einzusehen, dass ich sie höchst ungern bei mir in der Küche habe......

Trost oder das Lob, dass sie es ausgezeichnet macht, sind da leider auch unangebracht, weil sie dadurch noch verrückter wird und sich Furcht einflößend gebärdet. Teilweise habe ich ihre Verhaltensweisen auch übernommen, wenngleich ich mich von ihrem Ganserproblem schon früh distanzieren konnte. Aber Panik in beengenden Situationen hat mich bis zu meiner Selbsttherapie ebenfalls begleitet und zeigt sich auch im Verhalten meiner Tochter. Allerdings führte zu meinem eigenen Problem nicht nur das Vorbild meiner Mutter sondern die Tatsache, dass ich mit acht Jahren fast erschlagen wurde, weil ich "bloß ein Itacker" in den Augen meiner Mitmenschen war. Ich schildere das in meinen beiden Selbsttherapiebüchern ausführlich. Auf den letzten Seiten dieses Buchs sind sie aufgeführt.

Erst seit etwa fünf Jahren, wo meine Mutter aufgrund ihrer fortgeschrittenen Demenz nicht mehr so viel selbstständig machen muss, ist ihr Angstdruck weitgehend eingeschlafen. Der Druck lastete nicht nur in der Berufsarbeit ständig auf ihr sondern auch, wenn sie Entscheidungen zu treffen hatte, Rechnungen bezahlen musste usw.. Vielleicht ist das auch ein Grund, warum sie mit zunehmender Demenz so schamlos von Verbrechern um ihr Bares gebracht werden konnte. Die übten ja ständig Druck auf sie aus, dass sie "endlich mit dem Geld rüber kommen sollte." So ging sie immer wieder zur Bank und hob höchste Summen ab. Es gibt Zeugen, die gehört haben, wie sie mit dem Tode bedroht worden ist und sie auch gesagt hat: "Die haben gesagt, dass sie mich umbringen, wenn ich das Geld nicht sofort hole."

Die Verbrecher wurden übrigens nie gefasst, und die Kripo sagte dazu lapidar: "Sie hat doch selbst Schuld, weil sie das Geld freiwillig hergegeben hat. Da sind wir machtlos." 23.000 € sind nachweisbar weg. Und ich vermisse darüber hinaus weitere Wertpapiere in Höhe von 50.000 €. Aber dafür können auch verschiedene Mieter und Putzfrauen zuständig gewesen sein. Meine betagte Mutter ist im eigenen Hause reichlich bestohlen worden. So schaffte sie innerhalb eines Jahres nacheinander drei Staubsauger an. Als ich kam, war davon nichts mehr vorhanden. Auch der Haarföhn war verschwunden und einige weitere Gegenstände bis hin zu einem wertvollen, von mir selbst für meine Mutter genähten Dirndl samt Bluse, Schürze und echtem Dirndlschmuck. Die Leute haben hier tüchtig bei meiner Mutter abgesahnt und sich keineswegs geschämt.

Die Putzfrau hat ihr aller Wahrscheinlichkeit nach sogar rund 230 € aus dem Portemonnaie entwendet. Solche Sachen sind aber schwer nachweisbar, obwohl bei sehr genauer Rekonstruktion der ganzen Geschichte nichts anderes als ein Diebstahl in Frage kam. Ich war an dem Wochenende nicht in Hamburg, wusste aber genau, wie viel Geld sie hatte und dass sie die Putzfrau bezahlen musste. Seither jedenfalls habe ich dafür gesorgt, dass meine Mutter nie mehr als 30 € in der Tasche hat.

Ich schildere das jetzige Verhalten meiner Mutter in Entscheidungssituationen mal an einem Beispiel, einem gemeinsamen Spaziergang in gewohnter Umgebung. Allerdings gleicht das heutige Verhalten demjenigen von früher aufs Haar. Sie sagt beispielsweise an einer Kreuzung: "Willst du nach links oder rechts abbiegen oder willst du lieber geradeaus gehen?" Sie kleidet das stets in "Willst du...." und bringt keinen eigenen Vorschlag. Ich antworte meistens. "Wohin möchtest denn du gern gehen?" Sie antwortet erneut mit derselben Frage und ist kaum dazu zu bewegen, selbst zu sagen, welchen Weg sie denn gern gehen möchte. Egal, wer von uns beiden schließlich die Entscheidung fällt, denn es erfolgt sofort nach der Entscheidung, z. B. geradeaus zu gehen: "Oder wolltest du doch lieber nach links gehen? Oder doch lieber nach rechts?" Sie triezt mich dann noch ungefähr dreißig Meter lang in dieser unerträglichen Weise weiter. Ein Grund mehr, dass ich sie meistens allein gehen lasse, solange sie noch allein nach Hause findet. Es ist einfach unerträglich, sich an jeder Kreuzung und vor jeder Straßenüberquerung diese Sachen anzuhören. Ich fühle mich verdummt von ihr. Und ich habe mir lange schon angewöhnt, mich ihrer Neurose zu entziehen und mich auf gar keinen Fall in derartige Spielchen von ihr verwickeln zu lassen.

Im genannten Beispiel scheint vordergründig mangelnde Entschlusskraft zum Ausdruck zu kommen. Es hat meiner Mutter aber noch niemals wirklich an Entschlusskraft gefehlt, wenn sie mit sich allein war. Es geht ihr aber im Zusammenleben offensichtlich darum, einen Menschen in dessen Selbstverständnis zu erschüttern, um eine eigene Position und dadurch mehr Selbstsicherheit zu gewinnen. Und so paart sich das Gansern, das sich als selbst dumm stellende Tarnverhalten also, mit dem Niedermachen anderer Menschen. Vielleicht versucht sie ja, sich dadurch aus der eigenen Schraube herauszudrehen. Das ist, unabhängig von ihrer jetzigen Demenz, zur Grundhaltung im Zusammenleben mit anderen Menschen geworden.

Wenn wir die Pflege eines Menschen übernehmen, werden wir immer in der einen oder anderen Weise

mit eigentümlichen Verhaltensweisen konfrontiert, die sich besonders im Familienverband
fatal auswirken können, weil im Laufe der Jahre
nicht nur Reaktionsmuster auf allen Seiten
eingeübt wurden sondern auch die damit verbun-
denen Eskalationen. Und so hassen sich ausgerechnet diejenigen Menschen gegenseitig, die
sich eigentlich lieben sollten. Oftmals herr-
schen Hassliebe und unbewusste Schuldgefühle
deshalb.

Tatsächlich aber herrscht oft Ratlosigkeit vor
diesen Mechanismen, die man durch profundes
Wissen in Soziologie, Verhaltenstherapie und
Psychoanalyse und vor allem durch profundes
Wissen über die Welt der Emotionen in den Griff
bekommen kann. Es wird sich aber gescheut, die
Höhle des Löwen zu betreten, in der wir mit
unseren Fehleinschätzungen gefangen bleiben und
anderen Menschen Schuldzuweisungen machen. Die
alten Querelen zwischen Eltern und Kindern
tauchen aber immer wieder auf, und beide Seiten
können durchaus in die Sackgasse des "Jetzt-
zeig-ich-es-ihr / ihm-aber-mal-tüchtig" geraten.
Ich glaube, dass hier auch die Quelle für echte
Misshandlungen von hilfsbedürftigen, alten
Menschen liegt, die durch ihre Kinder gepflegt
werden. Wenn die gemeinsame Vergangenheit nicht
richtig erkannt noch aufgearbeitet wurde, bleibt
es nicht aus, dass die armen alten Eltern am
Ende ihres Lebens leiden müssen statt dass es
zur gegenseitigen Annahme, zu Verständnis,
Verzeihen und Liebe kommt.

Wir sind aber dazu aufgerufen, unsere Eltern
und uns selbst vor gewaltsamen Ausbrüchen zu
bewahren, indem wir Kinder unsere eigenen alten
Strickmuster entlarven und außer Gefecht setzen,
obwohl unsere Eltern diese Charakterarbeit nicht
mehr leisten könnten. Wir müssen uns aus den
alten Ketten emotionaler Bewertungsmuster lösen
und nicht darauf hereinfallen, wenn wir automa-

tisch und wie auf Knopfdruck selbst immer
dieselben Reaktionen auf bestimmte Verhaltensweisen unserer alten Eltern zeigen. Dass auch
mir das nicht immer gelingt, ist nur natürlich
und kein Drama. Wenn ich kein Drama daraus mache
sondern beim nächsten Mal auf diese Stolperfalle
besser aufpasse, dienen die eigenen, zeitwei-
ligen Fehltritte durchaus dem eigenen Fort-
schritt und der Verbesserung in Pflege und
Zusammenleben. Aber ganz sicher werde ich immer
wieder in die Fettnäpfchen meiner Mutter hineintappen. Dann sollte ich allerdings bei mir
selbst suchen und nicht meiner Mutter Vorwürfe
machen. Für die Fettnäpfchen ist zwar sie
verantwortlich aber für das Hineintappen bin nur
ich es. Und tatsächlich ist meine Mutter für ihr
Verhalten nicht mehr verantwortlich zu machen.
Sie ist auch vor dem Gesetz strafunmündig.

Einerseits gerät sie selbst unter Druck und
sucht nach Strategien, aus Krisen und Not- bzw.
beengenden Situationen heraus zu kommen, indem
sie sich dumm stellt, andererseits will sie aber
möglichen derartigen Situationen vorbeugen,
indem sie vor das eigene Sich-dumm-stellen ihren
Mitmenschen gegenüber deren mangelnde
Entschlussfähigkeit und angeblich mangelhafte
klare Formulierungen unterzujubeln bemüht ist.
Natürlich hat sie dafür keine bewusste Strategien, denn dazu ist sie nicht mehr im Stande.
Aber diese Verhaltensweisen sind intensiv
eingraviert und laufen auch heute noch als
Aktions- und Reaktionsmuster automatisch ab.

Sie sucht auch heute noch nach zwiespältigen
Worten und betreibt extreme Wortklaubereien. Zum
Beispiel könnte ich sagen: "Ich stehe jetzt
auf." Sie reagiert wie folgt: "Worauf stehst du?
Willst du mir nicht endlich mal sagen, was du
eigentlich meinst!? Du stehst doch auf gar
nichts sondern du sitzt auf einem Stuhl! Drück
dich gefälligst klarer aus!" Selbst in ihrer

Demenz ist sie zu derart idiotischen Spitzfindigkeiten noch in der Lage! Man könnte das in Sketsche einbauen. Einige Humoristen leben von dieser Art Humor, der andere Menschen auf die Palme bringt, weil sie sich verscheißert fühlen.

Man kann von Täuschungsmanövern meiner Mutter sprechen, wie wir sie auch in der Forensik kennen. Besonders groteske Wortklaubereien geben ihr einerseits regelrechten Lustgewinn, weil sie sich auf diese Weise über andere Menschen erheben und sie gleichzeitig erniedrigen und verdummen kann. Sie nimmt die Menschen auf den Arm und geht als Sieger daraus hervor. Auf der anderen Seite aber zeigt sie ihre extreme Hilflosigkeit, sobald Menschen in ihrer Nähe sind. So fragte sie auch vor ihrer Demenz laufend Menschen nach dem Weg, wo sie durch wenig Nachdenken selbst den Weg gefunden hätte. Sobald eine Frage auftauchte, versuchte sie nicht, allein oder mit mir zusammen eine Antwort zu finden sondern wandte sich sofort an einen zufällig vorüber gehenden Passanten. Und dadurch demonstrierte sie nicht nur eigenes Unwissen sondern zugleich, dass ich ebenfalls unwissend sei.

So manches Mal hat sie den wildfremden Leuten auch noch Begründungen angegeben: "Meine Tochter will mir das nämlich nicht sagen!" Ich habe so manches Mal sauer aufgestoßen, wenn sie mich in aller Öffentlichkeit nieder gemacht hat. Manchmal habe ich mir das nicht gefallen lassen sondern ihr eine harsche Antwort gegeben. Aber genau damit habe ich mich vor den Leuten immer selbst ins Unrecht gesetzt, weil sie ja den umfassenden Interaktionsmechanismus zwischen meiner Mutter und mir nicht kennen können und auch nicht nachvollziehen wollen. Meine Mutter war stets darum bemüht, mir zu demonstrieren, dass ich ebenso unfähig zur Lösungsfindung sei, wie sie selbst. Und dies Verhalten hat sie auch in ihrer Demenz beibehalten. Ich kenne es. Es ist mir nicht neu, aber es ist auch nicht weniger belastend geworden. Also muss ich es einfach abschütteln, mich dafür nicht zuständig zeigen und mich dem eigenen alten Reaktionsmuster entziehen. Damit kann ich sie zwar nicht umerziehen, aber mir verhilft es zum Selbstverständnis.

Es ist schon grotesk, dass ich, die ich wahrhaftig nicht immer nur eine liebe, sanfte Mutter hatte, in solchen Situationen automatisch zum Buhmann wurde, obwohl ich von ihr niedergemacht und verunglimpft wurde. Dass ich auch damit letztlich klar gekommen bin, liegt sicher nur daran, dass ich mir gesagt habe: "Arme Irre! Sie kann eben nicht anders." Auf die Reaktionen der Fremden habe ich zu sch..... gelernt.

Es gibt aber noch einen weiteren Grund, warum gemeinsame Spaziergänge belastend sein können. Sie redet pausenlos vor sich hin. Keine eigenen Gedanken, denn dazu ist sie nicht wirklich fähig. Sie sieht Dinge und spricht aus, was sie sieht. Dann kommt plötzlich: "Papa!? Wo bist du jetzt?" Oder: "Oma, wo bist du?" Das passiert auch an bestimmten Orten, wo sie früher gewohnt hat, beispielsweise an der Christuskirche, in Altona, Osdorf, Lurup, Wedel und am Stephansplatz. Es ist nicht immer erträglich, dass sie mir dort überall sagt: "Hier habe ich mal gewohnt." Sie sagt das nicht nur mir sondern ebenso regelmäßig auch Fahrgästen oder zufällig vorbei gehenden Passanten.

Ich nehme meine Mutter mit zu meinem Saunatag und fahre dazu oftmals ins Aquafit nach Othmarschen; manchmal mit dem Taxi. Für Taxifahrten gehen allgemein bis zu 200 € im Monat weg! Das Pflegegeld von 215 € im Monat wird dadurch aufgebraucht. Mit viel liebevollem Einreden überrede ich sie, ins lauwarme Schwimmbad zu gehen. Sie will zunächst nicht, weil sie glaubt, das Wasser sei kalt. Wenn sie drinnen ist, freut sie sich sehr und bleibt oftmals eine ganze Stunde lang. Wenn ich sie später nochmals mit ins Wasser nehmen möchte, habe ich sie wieder lange zu überreden, weil sie glaubt, das Wasser sei kalt..... Das erfordert unglaublich viel Geduld von mir!

Wir verbringen dort meistens den ganzen Dienstag. Es ist für mich durchaus auch Erholung. Aber die Rückfahrt mit öffentlichen Verkehrsmitteln ist sehr, sehr anstrengend, da meine Mutter wegen ihrer Orientierungslosigkeit Angst bekommt und ständig hören will, welche Haltestelle angesagt wird. Weil sie aber nie versteht, was gesagt wird oder wo das wohl sei, was angesagt wird, fragt sie unentwegt nach und zischt dann auch mal: "Ruhe! Ich kann sonst nicht hören, wo wir sind!"

Auch Fahrgäste werden befragt, die mich manchmal böse angeifern, wenn ich nicht mehr antworte. Manchmal setze ich mich auch von ihr weg, weil das ständige Gefrage sehr belastend ist. Vorher erkläre ich ihr dann, dass ich ungestört und allein sitzen möchte und sie mir bitte nicht folgen soll, ich würde ihr rechtzeitig Bescheid sagen, wann auszusteigen ist. Auch dann habe ich aber noch keine Ruhe, weil ich ihr von Weitem durch Handzeichen immer wieder bekunden muss, dass wir noch nicht aussteigen und sie sitzen bleiben soll. Manchmal ist dazu ein kurzer Zuruf nötig: "Bitte sitzen bleiben" oder "noch nicht" oder "noch zwei Stationen". Oder sie folgt mir nach, setzt sich neben mich und tutet mir weiter die Ohren voll. Fahrgäste werden aufmerksam und bezichtigen mich manchmal der Unhöflichkeit. Oder sie geben mir Belehrungen, wie ich mit meiner alten Mutter umzugehen habe. Auch da haben sich manchmal Fahrgäste sehr boshaft eingemischt: "Sie wissen schon, was ich meine! Unmögliches Verhalten, so mit der eigenen Mutter umzugehen!" Ich muss das dann auch noch ertragen. Erklärungen gebe ich solchen Leuten nicht mehr, da ich sonst in die Defensive gerate und das viele Erklären ohnehin schon belastend genug ist.

Um es deutlicher zu machen: Sie fragt zwischen zwei Stationen mehrfach: "Osterstraße. Wo ist das? Osterstraße. Noch nie gehört. Wir sind im falschen Zug. Wir müssen aussteigen. Wir müssen die Leute fragen, wie wir nach Hause kommen. Wo wohnen wir eigentlich jetzt? Ich wohne schon lange nicht mehr in Niendorf.....". So geht das unaufhaltsam. Liest sie das Ziel von Bus oder Zug, meint sie, dass sie das nicht kennt und da auch gar nicht hin will. Also muss ich sie zu beruhigen trachten und schon wieder erklären, dass der Zielbahnhof ein anderer ist als unsere Haltestelle. Aber sie misstraut mir und glaubt, dass ich den Weg ebenso wenig kenne wie sie. Und dann werden Passanten hinzu gezogen und der Circulus vitiosus beginnt von vorn.

Meine Mutter während des Unterrichtens.
Von einem ihrer Schüler vor rund 20 Jahren aufgenommen.

Sie war es gewohnt, lebenslang für sich selbst zu sorgen. Solche Menschen haben mitunter enorme Probleme mit der wachsenden Hilflosigkeit im Alter. Aber gerade das lässt sie noch lange Jahre hindurch aufmerksam bleiben und kontrollieren, ob abends die Türen verschlossen sind. Meine Mutter schaut gern noch einmal auf die Terrasse hinaus, und dann wutscht unsere Katze Liesa hinaus und ist nicht mehr hinein zu bekommen. Das nervt mich natürlich schon darum, weil meine Mutter sich in den Türrahmen stellt und ruft, was die Katze noch mehr vertreibt.

Der Ordnungssinn meiner Mutter ist unübertreffbar. Dazu gehören immer noch ihre verschiedenen Zeremonielle, zum Beispiel, vor einem Spaziergang mehrfach auf die Toilette zu gehen. Immer dann, wenn wir die Haustür öffnen, dreht sie sich noch einmal um und geht aufs Clo. Auch wenn sie vor dem Anziehen des Mantels gerade erst dort war. Und auch dann, wenn ich ihr versichere, dass sie gerade eben erst ihr Geschäft verrichtet hat. Dann stehe ich geduldig da und hoffe, dass sie anschließend glatt durch die Haustür und nach draußen kommt.

Aber wenn es kurzfristige und neue Dinge zu erledigen gibt wie beispielsweise einen Gang zum Arzt, dann kommt sehr viel Unsicherheit auf. Die Angst, sich anderen Menschen zu überlassen, ist sehr groß. Das kann in regelrechte Kontrollsucht ausarten, was mich manchmal erheblich belastet. So gehört das unentwegte Nachfragen, ob der Bus wirklich nach Hause führt und ob wir wirklich umsteigen müssen, ob ich wirklich die richtige U-Bahn nehme und wir wirklich nichts mehr einkaufen müssen zu den nervenaufreibenden Dauergesprächen, in denen das Miteinander hart auf die Probe gestellt wird. Und was die Terrassentür anbelangt, so verriegelt sie die Tür anschließend nicht immer richtig. Das passiert ab und an auch, nachdem ich bereits im Bett bin.

Morgens finde ich die nur angelehnte Tür. Auch wenn ich nach dem Einkaufen nach Hause komme, sie inzwischen allein spazieren gegangen ist und mir einen Zettel mit einer Nachricht hinterlassen hat. Mein erster Gang ist dann zur Terrassentür, die ich bestimmt ein Mal im Monat offen vorfinde.

In Bus und Bahn kommen belastend ihre unentwegten Selbstgespräche hinzu, die sie allerdings an mich richtet, denn es kommen dabei auch Fragen vor, auf die sie Antworten erwartet. Da es mir jedoch unmöglich ist, auf diesen "Dialog" einzugehen, weil er ja pausenlos "Blödsinn" darstellt, versuche ich, innerlich abzuschalten bis es mir nicht mehr möglich ist, denn natürlich ist ein Abschalten unmöglich. Und dann setze ich mich eben woanders hin, und der Circulus vitiosus beginnt von Neuem.

Beim Aussteigen vom Fährschiff in Teufelsbrück zupfte sie eine Frau, die vor ihr ging, ständig an der Jacke und sagte: "Nun gehen sie schon endlich!" Das gab natürlich Zoff, obwohl ich der Betroffenen mehrfach zugeraunt habe, dass meine Mutter altersdement ist. Die Antwort kam prompt und laut: "Das kann ja jeder behaupten. Die Frau sieht doch völlig normal aus! Die ist einfach nur ungebildet und ungehobelt. Unmögliche Person!"

Ähnliches ist mir in einer Warteschlange vor der Toilette im Spreewald passiert, wohin wir eine Busfahrt mit dem Reisering unternommen haben. Meine Mutter drängelte sehr, und ich bat, sie wegen ihrer Demenz vorzulassen. Aber nichts da! Die Weiber reagierten sehr empfindlich und maßregelten uns unaufhaltsam. Und trotzdem mache ich weiterhin solche Unternehmungen mit meiner Mutter. Soll ich sie etwa zu Hause einschließen, nur weil den Mitmenschen Verständnis und Liebe fehlen?

Gott sei Dank ist es völlig egal, was die Leute uns in der Öffentlichkeit an den Kopf schleudern: Wir sehen weder diese Menschen noch die gaffend umher stehenden Leute jemals wieder. Es bringt in solchen Situationen überhaupt nichts, nach Bestätigung der eigenen Position zu suchen. Und es gibt ja auch nette Menschen. So neulich Abend in der Hamburgischen Staatsoper, wo eine freundliche Dame mich ansprach und sagte: "Schön, dass sie mit ihrer alten Mutter in die Oper gehen. Meine Mutter war auch dement, und ich habe sie einfach mitgenommen. Sie ist dabei immer aufgeblüht und hat sich sehr gefreut."

Meine Mutter hat Mozarts "Le Nozze di Figaro" auch wirklich sehr genossen, wenngleich sie um 21 Uhr recht müde wurde. Aber nach der Pause war sie dann wieder ganz bei der Sache, und der italienische Gesang und die schönen Stimmen haben ihr sehr gefallen. Man sollte demente Menschen nicht ausgrenzen sondern überall mit hinnehmen. Und die anstrengenden Heimfahrten stehen in keinem Verhältnis zu dem Gewinn, den diese Unternehmungen uns bringen.

Ich geriet mit meiner Mutter in der U-Bahn nach Langenhorn einmal arg ins Schussfeld eines aggressiven Fahrgastes, weil meine Mutter aufstand und das Fenster schloss. Sofort schrie der Kerl los, was ihr einfiele. Er stand sogar auf und stellte sich bedrohlich vor uns beiden Frauen auf. Und meine Mutter gab ihm verbal Kontra. Ich erklärte dem Mann, dass meine Mutter altersdement ist und er sich bitte beruhigen solle. Aber er hörte gar nicht zu. Natürlich reagierte kein einziger Fahrgast der vollen U-Bahn darauf. Also tobte der Kerl, vor Erregung spuckend, weiter herum. Schließlich nahm ich ein bewährtes Hilfsmittel: Ich sang ganz laut und hochdramatisch ein langgezogenes hohes A''. Der

Mann stutzte, tobte dann weiter, stutzte wieder und setzte sich schließlich sprachlos hin.

In Läden greift meine Mutter ständig nach Süßigkeiten, besonders an der Kasse. Wie ein Kleinkind! Da sie ja erwachsen und reif aussieht, ich aber wie einem Kind "nein" sage, bekomme ich schon wieder entweder böse Blicke, manchmal demonstratives Kopfschütteln oder Belehrungen wie: "Das ist ja unmöglich! Wie gehen sie denn mit ihrer Mutter um?" Mein "Umgang" allerdings ist notwendig, und eine Sprache wie mit einem Kind ebenfalls. Natürlich spricht man mit einem normalen Erwachsenen nicht so sondern kommentiert es gar nicht, wenn der sich Süßigkeiten kaufen will. Einem Kind wie auch einem dementen Menschen muss man aber ein entschiedenes "Nein" entgegen setzen.

Falls ich den Umstehenden zuvor erklärt habe, dass meine Mutter dement ist und laufend, vor Sweets stehend, diese verlangt, erklären mir besonders einfühlsame Zeitgenosssen, dass es Einrichtungen gibt, wo ich den Umgang mit Dementen lernen kann. Meistens erkläre ich den Leuten nicht, dass ich fünf Monate lang in Peiting (Oberbayern, bei Schongau) in der Geron-topsychiatrie mit Schwerstdementen gearbeitet habe und auch in der ambulanten Altenpflege in Hamburg mehrere Monate lang tätig war, dass ich ein umfassendes Heilpraktikerstudium absolviert und während meines Musikstudiums vier Jahre lang als Malteser Schwesternhelferin gearbeitet habe und vom Fach bin. Ich habe mir längst abgewöhnt, mich zu rechtfertigen oder Erklärungen bezüglich meiner wahrscheinlich vorhandenen Kompetenz abzugeben.

Auch der Wunsch, sich irgend etwas zu kaufen, was vor ihrer Nase liegt, nimmt manchmal groteske Formen an, die schwer zu ertragen sind. Weniger wegen meiner Mutter als wegen der

Mitmenschen. So manches Mal habe ich kraft meiner gerichtlichen Vollmacht derartige Sachen umgehend zurück gegeben. Das ging bislang immer problemlos. Sie verfügt auch nur über einen Notgroschen im Portemonnaie. Aber mit 30 € kann sie auch noch allerlei Unsinn hinter meinem Rücken einkaufen. Da kommt sie dann mit allerlei Lebenseinkäufen von einem Spaziergang nach Hause, die wir nicht brauchen können, weil sie extrem nicht-vollwertig sind. Die gebe ich nicht zurück sondern werfe sie hinter ihrem Rücken weg. Sie erinnert sich ohnehin nicht daran.

Da Süßigkeiten auch in Massagepraxen, bei Ärzten und Apotheken herumstehen bzw. gereicht werden, ich das aber stets zurück weise, bekomme ich dort immer wieder mal zu hören: "Aber Zucker ist doch ein Zeichen von Liebe! Wenn sie das ihrer Mutter nicht gönnen, lieben sie sie doch gar nicht!" In der Massagepraxis beispielsweise stehen Bonbons herum. Meine Mutter nahm sich eine ganze Handvoll und bekam noch zusätzlich welche zugesteckt, obwohl ich es mir verbat.

Ich habe aufgehört, darauf hinzuweisen, dass die Verbrauchergemeinschaft Hamburg schon vor dreiundzwanzig Jahren gerichtlich erwirkt hat, Zucker mit Fug und Recht als Schadstoff bezeichnen zu dürfen und dass meine Mutter wahrscheinlich durch ihre hochgradige Zucker- und Kekssucht überhaupt erst dement wurde und mehrfach schwere Phlebothrombosen und Lungenembolien hatte. Ich bin nicht dazu da, unwissenden Menschen Erklärungen für mein Verhalten zu geben noch sie zu belehren.

Meine Mutter aß wohl an die 20 Jahre lang überwiegend Kekse! Und Cholesterinwerte und die Beschaffenheit der Arterien und Arteriolen steht in direktem Verhältnis zum Konsum von raffinierten kohlenhydrathaltigen Produkten: Raffiniertes Mehl, geschälter Reis, isolierte Speisestärke und sämtliche Industriezuckerarten, von denen über 60 im Handel kursieren und die meistens von Laien nicht als solche erkannt werden.

Ich stelle für meine Mutter Süßigkeiten vollwertig selbst her. Dabei hilft sie mir übrigens. Wo irgend möglich, ziehe ich sie ja mit hinzu. Allerdings nur da, wo nicht zu erwarten ist, dass sie ihren hysterischen Ausraster bekommt, d.h.: Dass sie nicht in Angstdruck geraten muss und sich auch das Gansern in Schranken hält. Wenn es dann doch los geht, versuche ich mit Verständnis statt durch Ausredeversuche darauf einzugehen. Wenn man einem "spinnenden Menschen" dessen Spinnereien durch logische Erklärungen auszureden versucht, wird man keinen Erfolg haben. Es ist klüger, darauf einzugehen und sie wie einen zugeworfenen Ball aufzufangen. Anschließend kann man dann umleiten, zumal die meisten Dementen nicht an ihren Vorhaben festkleben, wenn man geschickt umleitet. Ihr Vergessen kommt uns dabei sehr zu Hilfe.

Wenn meine Mutter beispielsweise nachts plötzlich angezogen vor meinem Bett steht und mir erklärt, dass sie jetzt zum Arbeitsdienst gehen muss, rede ich ihr das nicht aus sondern sage ihr, ich hätte einen gegenteiligen Anruf bekommen, und der Arbeitsdienst sei bis auf weiteres verschoben worden. Später hat sie das ohnehin vergessen, und es stellt kein Problem mehr dar. Es geht nur darum, ihr für den Augenblick eine plausible Erklärung zu geben, die sie auch akzeptieren kann.

Wie einem blinden Menschen erkläre ich meiner Mutter unentwegt alles. Sie vergisst ja jedes und alles. Das belastet das gesamte Zusammenleben von früh bis spät unentwegt: Ewig notwendiges Erklären meistens jeder kleinen Aktion von mir, weil sie sonst die Zusammenhänge nicht versteht. Ganz egal, worum es sich handelt.

Unentwegt muss erklärt werden. Tue ich das nicht, fragt sie eben nach. Also habe ich mir eine Strategie zurecht gelegt, auf welche Weise ich das ständige wiederholte Erklären durchziehe bzw. wann ich es trotz ihrer Fragerei unterlasse und sie einfach stehen lasse. Wenn sich dann allerdings Außenstehende einmischen, geht mir das manchmal über die Hutschnur, aber ich schweige auf Anschuldigungen hin. Auch das ist eine Überlebensstrategie, ohne die ich diese hohe Belastung mit meiner Mutter gar nicht ertragen könnte. Die Mitmenschen aber sind mir durch ihr Verhalten oder auch nur durch ihr mutmaßliches Verhalten zur zusätzlichen Belastung geworden. Insbesondere die "Beobachtungsgabe" von bestimmten Nachbarn. Ich kann ja tun, was ich will: Immerzu werde ich hier beobachtet, ob ich meine Mutter ordentlich behandele und ob ich in ihren Augen alles "richtig" mache.

Ab und zu geht meine Mutter am Rollator wegen ihrer Kreuzweh. Für mich selbstverständlich, dass ich sie dabei begleite, weil sie mit dem Dings schwer den Kantstein hinauf kommt. Und selbstverständlich ist auch, dass ich unentwegt sehr langsam neben ihr hergehe. Wenn ich dann aber, selbst mit schweren Einkäufen bepackt, sie die letzten Schritte allein nach Hause gehen lasse, gibt es sogleich Nachbarn, die fragen: "Wo haben sie denn ihre Mutter gelassen? Sie können sie doch nicht einfach allein gehen lassen? Das ist ja unverantwortlich!" Ich gehe darum nach dem Überqueren der Hauptstraße allein weiter, um so rasch wie möglich die schweren Einkäufe loszuwerden. Man möge sich doch bitte selbst vorstellen, wie es sich anfühlt, mit zwei schweren Einkaufstüten oder mit dem schweren Einkaufswagen und zusätzlich einem schweren Rucksack auf dem Rücken betont langsam statt raschen Schrittes nach Hause zu gehen.

An dieser Stelle die Erinnerung daran, dass mir von einer "freundlichen Nachbarin" direkt vorgeworfen wurde, "ständig allein nach Spanien zu fahren, meine Mutter zu vernachlässigen aber Pflegegeld zu kassieren"...... Und last noch least die freche Anzeige der Nachbarin von Gegenüber ans Vormundschaftsgericht mit den Behauptungen, ich würde an Kaufsucht leiden und meine Mutter hätte im Alter etwas besseres als mich verdient. Dieselbe Dame war es auch, die mich von ihrem Grundstück gewiesen hat und deretwegen wir rund 1.000 € Ausgaben für zwei Anwälte und sonstige Ärgernisse hatten. Es wurde regelrecht versucht, mich aus dem Hause zu treiben. Das aber hätte nach sich gezogen, dass meine Mutter gegen ihren Willen ins Altenheim verfrachtet und das Haus verkauft worden wäre und ich meine 50.000 € für diverse Möbel, Elektrogroßgeräte, Vorhänge, Teppiche, neue Fußböden, Balkonreparatur usw. umsonst in das kleine Reihenhäuschen gesteckt hätte, um mir die Zeit hier einigermaßen wohnenswert, nicht aber finanziell lohnenswert zu gestalten. Wenn meine Mutter zwangsweise ins Altenheim gesteckt worden wäre und ich hätte ausziehen müssen, wäre mein Geld futsch gewesen. Abgesehen davon, dass meine Mutter bis zuletzt zu Hause bleiben möchte. Genau darum habe ich mein Spanien ja auch verlassen: Meiner Mutter zu liebe! Und der Umzug hierher wurde mir auch nicht geschenkt.

Gott sei Dank hat das Gericht aber die Sache anders beurteilt als diese Nachbarin mit ihrer Anzeige und ihrem Geschludere in der Nachbarschaft. Dennoch bleibt irgendwo bittere Galle zurück. Dass ich hier von meinem eigenen Geld das Haus repariert und diverse Neuanschaffungen gemacht habe, ganz abgesehen davon, dass ich ja selbst neue Möbel benötigt habe, wusste diese Person natürlich nicht. Sie wusste auch nicht, dass meine Mutter nach den Erpressungen durch vermeintliche "Handwerker" gar nicht mehr über die Mittel verfügt hat, das Haus überhaupt noch zu erhalten. Es wäre längst wegen ihrer Zahlungsunfähigkeit verkauft worden, und sie wäre ohne meine finanzielle Unterstützung im Altersheim gelandet. Dem Gericht waren die Vermögensverhältnisse meiner Mutter ohnehin bekannt, so dass die Anzeige schon von daher fehl ging. In der Anzeige aber wurde behauptet, dass meine Mutter durch mich um ihr Vermögen gebracht würde. Vielleicht glaubte die Frau ja allen Ernstes, dass ich mit den Betrügern unter einer Decke gesteckt hätte. Von anderer Seite jedenfalls hörte ich auch derartige Unterstel- lungen: Ich hätte halbe-halbe mit den Dieben gemacht.

Wahrscheinlich ist man in der Nachbarschaft noch heute der Ansicht, dass man mir lediglich nichts nachweisen kann. Das Gerücht wurde übri- gens vom letzten, langjährigen und intensiv rauchenden Mieter meiner Mutter, einem Italiener, in Umlauf gebracht, und der hat mir seine Anschuldigung auch direkt ins Gesicht geknallt. Er musste nämlich meinetwegen ein anderes Zimmer suchen. Als ich ihm entgegnete, dass er selbst in die Betrügereien verwickelt und für die fehlenden Dinge im Hause zuständig sein könnte (könnte!!), hat er sich offensicht- lich in der Nachbarschaft ausgesprochen. Hier zu Hause aber aber schrie er meine Mutter und mich in ekelhafter Weise wiederholte Male zusammen. Nur die Leute draußen haben das nicht bemerkt. Und als ich es mal sagte, wurde mir geantwortet: "Aber das stimmt doch gar nicht! Das ist doch so ein netter junger Mann! Der brüllt niemanden an!"

Tatsache ist, dass die Trickbetrüger, die meine Mutter um mindestens 23.000 € gebracht haben, hier erst auftauchten, als der italieni- sche Mieter nach den ersten zwei Jahren, die er hier wohnte, seinen Halbtagsjob in einem Weinhandel verlor und fortan auf sechs Jahre arbeitslos wurde. Er bezahlte die ganze Zeit lang seine Miete immer pünktlich, aber meine Mutter wurde im Hause immer mehr bestohlen. Und was mich stutzig macht, ist die fehlende Staatsanleihe, die immerhin einen Vermögenswert von über 50.000 € hatte. Die ist seither verschwunden geblieben. Da bei meiner Mutter allmählich und schleichend die Altersdemenz eingesetzt hatte und ihre Vergesslichkeit immer mehr zunahm, ich aber in Spanien lebte, hatte ich keinen klaren Überblick über ihre Gesamtproblematik. Sie erledigte ja all ihre Dinge noch allein, gab Italienischunterricht und erschien mir und allen anderen Menschen nach wie vor "normal", wenn auch manchmal etwas komisch. Aber das habe ich nicht als krankhaft sondern als Charaktereigenschaften angesehen.

Sie bestellte auf Deubel komm raus Krimskrams, was mir jahrelang hindurch nicht als abartig auffiel. Ich dachte nur: 'Na ja, sie hat eben Freude an Videos gewonnen, an gutem Wein - sie ließ sich häufig teure Weine schicken, verschenkte sie aber -, an einem Staubsauger usw.. Als sie mir irgendwann am Telefon berichtete, sie habe Glück gehabt und 25.000 € gewonnen, habe ich mir auch noch nichts dabei gedacht sondern mich gefreut, dass sie mir 3.000 € schickte. Nie und nimmer hätte ich das Geld angenommen, wenn ich gewusst hätte, dass sie auf die "Sie-haben-gewonnen-Masche" hereingefallen war und dass das sogar immer mehr zum Dauerzustand werden und sie um ihr Geld bringen würde! Mit diesen Briefen waren nämlich meistens Bestellungen und Abos verbunden. Deshalb ja las sie den Reader's Digest und deshalb kamen Videos und Hörkassetten in Massen an.

Und dann erzählte sie mir eines Tages am Telefon, dass sie das Dach machen ließe.

Tatsächlich waren Betrüger gekommen, die vorgaben, Dacharbeiten durchzuführen. Meine Mutter konnte das nicht wirklich überprüfen. Als ich einmal zu Besuch kam, erschienen wieder diese "Dachdecker". Ich schöpfte Verdacht und schaute mal unvermittelt durch die Dachluke. Da saßen drei Kerle, rauchten und klönten! Sie pinselten daraufhin ein wenig mit Farbe herum, und ich sagte meiner Mutter, dass sie die Leute umgehend rauswerfen sollte. Als brave Tochter und das Ganze noch nicht richtig durchschauend, habe ich auch noch meine Klappe gehalten, als wieder andere "Handwerker" Kacheln im Gartenweg verlegten und den Treppenaufgang zum Häuschen unsachgemäß verhunsten. Dafür bezahlte sie nochmals 5.000 €! Als ich wieder abgereist war, haben die Verbrecher sie dann erst richtig ausgenommen und nach und nach innerhalb von wenigen Monaten 23.000 € abkassiert. Die Kachelarbeiten hatten allerdings lediglich einen Wert von 1.500 €, wie mir später ein befreundeter Fliesenleger sagte. Die Kacheln fielen im nächsten Winter übrigens alle ab, weil Billigmörtel verwendet worden war.....

Doch kommen wir auf den Italiener zurück, der möglicherweise mit dieser Gaunerei nichts zu tun hat sondern selbst nur ein kleiner Gauner war, der keine Lust zum Arbeiten hatte. Dieser nette junge Mann war der Ansicht, dass ich simuliere, nicht erwerbsunfähig sei und meine Rente zu Unrecht bezöge. Er selbst war jahrelang arbeitslos, ließ sich umschulen und bekam auch da noch keine Arbeit. Dass ich aber eine Rente wegen Arbeitsunfähigkeit bekam, wurmte ihn doch sehr. Er hatte mir deshalb bereits vor meinem Einzug mehrfach gedroht, mich anzuzeigen, weil ich in Spanien lebe und angeblich keine deutsche Rente beziehen dürfe. Daraufhin habe ich ihm meine Rentennummer gegeben und gesagt, dass er mich so besser anzeigen kann. Als er ausziehen musste, bot ich ihm sogar an, eine Waschmaschine und einen Herd für ihn zu kaufen. Das lehnte er aber stolz ab.

Übrigens lebten wir hier vier Monate lang zusammen unter einem Dach. In der Zeit aber grüßte er weder meine Mutter noch mich. Dafür aber schrie er uns dann und wann irrsinnig zusammen, bis er endlich ging. Bevor er ging, fand er die Sprache wieder und sagte mir sehr erregt, wobei er mehrfach mit dem Finger an seine Stirn tippte: "Ihr Deutschen seid doch alle verrückt! Da kommt ein Italiener daher, arbeitet zwei Jahre lang, verliert seinen Job, er bekommt jahrelang Arbeitslosengeld, dann Umschulung. Und sogar den Computer haben sie mir geschenkt! Und nach der Umschulung musste ich auch noch nicht arbeiten. Ich habe weiterhin meinen Lebensunterhalt vom Staat geschenkt bekommen. Man muss nur nach Deutschland gehen, um nicht arbeiten zu müssen. Aber jetzt, wo hier Harz IV eingeführt wird, muss ich mir etwas anderes ausdenken. Ich gehe nach Italien zurück und werde mir dort eine Arbeit suchen. Vielleicht in Mailand? In Sardinien jedenfalls gibt es keine Arbeit, zu der ich Lust hätte."

Als ich das einer der schludernden Nachbarinnen erzählte, meinte sie nur, dass ich lüge und Schuld am Verlust des Arbeitsplatzes des Italieners sei. Tatsächlich war zwischendurch Folgendes vorgefallen. Er erzählte eines Tages überall herum, dass er eine unbefristete Halbtagsarbeit in der italienischen Mission in Hamburg habe. Da er meine Mutter und mich hier zu Hause schlecht behandelte, bat ich ihn mehrfach um ein Dreiergespräch mit dem italienischen Pfarrer, damit wir in Frieden miteinander leben könnten. Das lehnte er aber ab. Als es dann wieder eskalierte, bin ich selbst zu dem Geistlichen gegangen. Natürlich nicht, um unserem

Mieter zu schaden sondern um eine geistliche Vermittlung zu bitten.

Der Pfarrer empfing mich zusammen mit seiner Schwester, und ich bat, im Namen Christi, um freundliche Vermittlung, damit das Wohnverhältnis zu Hause wieder besser würde. Als die beiden meine Klage hörten, wurden sie sehr zornig und sagten, dass der junge Mann faul sei und sich ständig den Anordnungen widersetze. Sie erzählten mir, dass er gelogen habe, denn er habe natürlich weder eine Halbtagsstelle noch sei sie unbegrenzt. Vielmehr arbeite er lediglich an zwei Nachmittagen die Woche und da käme er auch nur selten, denn ausgerechnet an diesen Tagen pflege er sich wegen Arztbesuchen oder anderer Dinge zu entschuldigen.

"Wir haben doch selbst nur wenig Geld zur Verfügung, und da kommt er nicht einmal zur Arbeit. Neulich sollte er Stühle in Reihen aufstellen und widersetzte sich meiner Anordnung", sagte der Pfarrer. "Er stellte sie einfach anders auf als ich es ihm gesagt habe. Und als ich ihn bat, die Stühle nunmehr richtig hinzustellen, hat er mir freche Antworten gegeben, gegrinst und ist einfach gegangen! Es ist wirklich dringend an der Zeit, dass ich ihn entlasse." Der Pfarrer und seine Schwester ließen sich durch mich nicht umstimmen. Ich habe sogar noch einen Bittbrief geschrieben! Sie haben ihm aber postwendend gekündigt, und unser italienischer Mieter hat daraufhin verbreitet, dass ich ihn bei seinem Arbeitgeber denunziert hätte. Allein aus dieser Geschichte heraus ist schon zu verstehen, warum die Nachbarschaft glaubte, dass ich ein Aas sei. Hinzu kamen die Verleumdungen durch diesen Mieter, dass ich mich mit den Dieben, die meine Mutter erpresst haben, unter einer Decke befände. So kann der Leumund eines unbescholtenen Menschen nachhaltig zerstört werden.

Als der Psychiater auf die Anzeige der Nachbarin von gegenüber hin zu uns kam, um zu unter-
suchen, wie unser Verhältnis zu Hause sei und ob
ich geeignet für die Pflege meiner Mutter bin,
fragte der mich schon in der Haustür, ob es hier
Nachbarn gäbe, die mich nicht leiden könnten.
Offensichtlich hat das Vormundschaftsgericht
nicht nur bei mir mit derartig überflüssigen
Anzeigen zu tun, die Gericht und Gutachter
beschäftigen und den Steuerzahler nur Geld
kosten. Das Gericht aber muss auf solche
Anzeigen eingehen, denn es könnte ja etwas
Wahres daran sein. Bei uns bedeutete das drei-
zehn Monate lang Dauerstress, weil ich unsicher
war, wie sich die Richterin stellen würde. Ich
habe während der Zeit reichlich unter Angstdruck
gestanden, denn für meine Mutter und mich hing
viel von dem Urteil ab!

Meiner Mutter musste in dem Verfahren eine
Anwältin an die Seite gestellt werden, die ihre
Interessen zu vertreten hatte, weil ich das ja
in diesem Fall nicht übernehmen durfte, da es
sich um eine Anzeige gegen mich handelte. Ich
habe dann noch einen Anwalt hinzu gezogen, um
der Nachbarin eine Abmahnung schicken zu lassen.
Ich hätte sie auch auf Unterlassung und wegen
Verleumdung verklagen und ein Schmerzensgeld
verlangen können. Dann hätte sie auch die
Anwaltskosten übernehmen müssen. Die Anwältin
jedenfalls hat ihr einen sehr deutlichen Warn-
brief geschickt. Summa summarum beliefen sich
die Kosten durch diese vermeidbare Anzeige für
uns auf rund 1.000 €.

Dass ich im Stande bin, auf jegliches Eigenleben zu verzichten, und auch darauf, meine
Schritte dorthin zu lenken, wo ich selbst
hingehen möchte und nicht einmal im eigenen
Hause uneingeschränkt Ruhe und Erholungsmöglich-
keiten habe – selbst nachts manchmal nicht –
wird von solchen Leuten wie dieser denunzie-

renden Nachbarin und den anderen Klatschweibern
überhaupt nicht wahrgenommen. Es wird überhaupt
nicht erkannt, was ich leiste und wie gut es
meiner Mutter tatsächlich geht. Es wird einfach
nur vorausgesetzt, dass ich sie misshandele. Es
ist unbequem, im Fokus der Beobachtung durch
Nachbarn zu stehen und ständig um das eigene
Selbstverständnis ringen zu müssen. Statt mir
Respekt und Achtung zu zollen, stellen mich
einige Nachbarn nach wie vor auf die Zerreiß-
probe.

Einen möglichen Grund sehe ich nicht nur im
Übertragungsphänomen sondern auch darin, dass
ein intensiv helfender "Gutmensch" in einigen
Leuten ein schlechtes Gewissen erzeugt, ohne das
zu beabsichtigen. Da wird dann gern "Scheinhei-
ligkeit" unterstellt und gesucht, wo ein solcher
Mensch seine Schwachstellen hat. Wenn dann ein
Fehler entdeckt wird, wiegt der natürlich um
einiges mehr als bei unauffälligen Menschen. Und
Steinigung war schon zu biblischen Zeiten das
Mittel, um seine eigenen Unzulänglichkeiten vor
sich selbst zu vertuschen.

Meine Mutter hat seit einigen Wochen aufgrund
ihrer erheblichen Wirbelsäulenverkrümmung
schwere Schmerzzustände durchzustehen gehabt.
Mehrfach Warten von jeweils bis zu drei Stunden
beim Orthopäden deshalb aber keine wirksame
Therapie folgten. Da ich das auch bei mir selbst
erlebt habe, wechsele ich jetzt zur Hausärztin,
die fast um die Ecke ihre Praxis hat. Sofort
habe ich ein wirksames Schmerzmittel durch diese
Ärztin für meine Mutter erhalten, sodass meine
Mutter endlich wieder spazieren und schwimmen
gehen kann. Meine Mutter hat in der LWS eine
Verkrümmung von 45°, die sich durch verschobene
Statik und Ausgleichsversuche der BWS nach oben
fortsetzt. Wahrscheinlich ist das eine Folge aus
der Scheuermannschen Erkrankung, die sowohl sie
als auch ihr Bruder und ihre Oma in der Kindheit

durch Malnutrition erlitten haben. Auch ich wurde dadurch gezeichnet und habe einen gesundheitlichen Balanceakt auszuführen. Osteoporose wurde bei meiner Mutter inzwischen ausgeschlossen.

Übrigens unternehme ich mit meiner Mutter mindestens zwei Mal die Woche etwas außer Haus; oftmals kommen wir sogar auf fünf Male. Ich nehme mir, außer fürs Schreiben, Joggen, Singen und Musizieren, wenig Zeit für mich selbst. Einen wirklichen Freundeskreis habe ich hier in Hamburg auch nicht, während ich an der Costa Blanca sehr rasch einen Freundeskreis habe aufbauen können. Schon durch mein Musizieren kam ich ja mit sehr vielen Menschen in Berührung.

Ich gehe alle paar Monate mal allein an der Elbe spazieren, da ich es vorziehe, meine Mutter auch daran teilhaben zu lassen. Ich kann meine eigene Freiheit nur dann genießen, wenn meine Mutter genügend eigene Freuden gehabt hat. Wie könnte ich mein Leben genießen, wenn ich wüsste, dass es meiner Mutter nicht gut geht? Und da sie zur eigenen Freizeitgestaltung unfähig geworden ist, nur stupide herumdöst aber Beschäftigung benötigt, bin ich dafür zuständig, ihr abwechselnd Ruhepausen und sinnvolle Betätigungen zu ermöglichen. Das einfachste ist tatsächlich der gemeinsame Ausflug. Da blüht sie auf! Das war auch früher eine Lieblingsbeschäftigung von ihr.

Zu Hause bin ich immerzu von meiner Mutter umgeben und habe dadurch kaum wirkliche Entspannungsmöglichkeit. An meinem Entspannungstag (Sauna) ist sie, wie schon geschildert, auch dabei. Zwar komme ich dort auch zur Entspannung, dazwischen aber immer wieder die notwendigen liebevollen Bemühungen, meine Mutter dazu zu überreden, ins Wasser zu kommen, wo sie sich dann ja auch jedes Mal sehr wohl fühlt und gern schwimmt. Der Rückweg in den öffentlichen Verkehrsmitteln ist allerdings für sie und mich

sehr belastend. Dennoch halte ich an den gemeinsamen Ausflügen fest, weil sie sie rundum sehr
genießt und wir beide wunderbar beschäftigt
sind.

Die Ausflüge sind zwangsläufig durch Restau-
rantbesuche begleitet, was sehr ins Geld geht
aber schon wegen der notwendigen Erholungspause
unumgänglich ist. Gott sei Dank ist ja genügend
Rente vorhanden. Vor der beinahe Verdopplung
ihrer Rente durch den Tod der ersten Frau ihres
Mannes habe ich all das stets von meinem eigenen
Geld bezahlt. Das kommt zu den genannten 50.000
€ noch hinzu und beläuft sich mit Sicherheit
inzwischen auf 15.000 € extra. Übrigens habe ich
das zuvor noch nie nachgerechnet. Ich gebe gern,
und meine Mutter ist ebenfalls immer sehr großzügig gegen mich gewesen. Ich entstamme nämlich
einer Familie, wo Geben stets selbstverständlich
war. Bei uns herrscht auch das Wort: "Lieber mit
der warmen Hand geben als mit der kalten."

Noch hat meine Mutter ja die kostenlose Fahrkarte (60 € im Jahr). Möglicherweise werde ich
irgendwann 2 x im Monat an je einem Wochenende
ein Auto anmieten, um auf diese Weise mit ihr
Ausflüge zu machen. Sie muss dann weniger gehen,
kommt direkt ans Ziel und erspart sich den
Stress in Bus und Bahn. Und ich muss zwischen
den Stationen keine Erklärungen mehr abgeben.
Aber auch im Auto wird sie laufend fragen, wo
wir sind, ob wir die Koffer dabei haben, wieso
wir die Koffer im Restaurant vergessen haben und
weitere Absurditäten. Die Bus- und Bahnfahrten
sind für mich möglicherweise erholsamer und
entspannender, weil ich mich notfalls wegsetzen
kann, denn auch ihr unentwegtes Geplappere ist
ja belastend. Auch hat meine Mutter dort Ablen-
kungen, wenn wir nicht gerade durch U-Bahntunnel
fahren. Und die Begegnung mit den fremden Fahrgästen ist für meine Mutter durchaus auch sozial
wertvoll.

Gemeinsam
auf Capri am 83. Geburtstag meiner Mutter

Im Jahr 2006 habe ich meine liebe Mutter auf eine Woche nach Rom und Capri eingeladen. Wir haben im besten Hotel in meinem Geburtsort Grottaferrata bei Rom gewohnt. Und ich hatte ein Auto gemietet. Die Autofahrten waren einerseits sehr schön, aber andererseits kamen häufig Fragen wie: "Sind wir jetzt bald am Brennerpass? Und wie lange dauert es noch bis Hamburg? Wo sind eigentlich unsere Koffer und wo übernachten wir heute?" Als wir uns ganz Rom angesehen hatten und wir zur Metro gingen, mit der wir hereingefahren waren, sah sie das Kolosseum und sagte: "Wir waren ja noch gar nicht beim Petersdom, nicht bei der Fontana di Trevi; und Pantheon und Forum Romanum habe ich auch noch nicht gesehen." Sie lebt eben im Augenblick. Danach ist er vorüber. Jedem Augenblick folgt ein weiterer Augenblick, und nichts wird mehr behalten. Carpe diem! Nutze den Augenblick! Immerhin kannte sie aber alle römischen Sehenswürdigkeiten noch sehr genau.

Da ich drei Male negative Erfahrungen mit der Kurzzeitpflege gemacht habe, werde ich meine Mutter in Zukunft immer mit in den Urlaub nehmen. In diesem Jahr fährt sie mit mir vier Wochen lang nach Mallorca in das sehr preiswerte Hotel, in dem ich schon zwei Male ohne sie war. Wir erhalten ein besonders gut gelegenes Zimmer von der Hotelleitung, mit der ich schon telefoniert habe. Ich miete die ganze Zeit über ein Auto, um meiner Mutter Abwechslung bieten zu können, in der Hoffnung, dass sie dann nicht ewig fragt, wann wir wieder nach Hause fahren. Solange sie unterwegs und dadurch beschäftigt ist, ist sie abgelenkt. Da sie im Urlaub nicht allein spazieren gehen kann, werde ich meine Mutter auf Mallorca unentwegt zu genießen haben und mich nicht wirklich erholen können. Ich werde aber früh morgens und abends joggen gehen, um mögliche Anspannungen abzubauen.

Meine Mutter ist auch gut ruhig zu stellen, indem ich sage: "Ich habe zu arbeiten." Das kann ich notfalls fingieren. Da sie gelernt hat, vor Berufsarbeit Respekt zu haben, ist es das am besten geeignete Mittel für mich, sie mir dann und wann vom Leibe zu halten. So erkläre ich mein Bücherschreiben immer als Berufsarbeit und setzte damit durch, dass sie meinen Raum verlässt.

Das ist auch im Urlaub möglich, indem ich mir Bücher mitnehme, die ich "zu studieren" habe. Da sie sich nicht mehr selbst beschäftigen kann, wird sie auch dort einfach schlafen, wenn ich lesen möchte. Um zu sparen, haben wir nur ein

Zimmer und unterschiedliche Schlafgewohnheiten. Und ein Billighotel ohne TV im Zimmer. Aber auch das werden wir gemeinsam meistern, denn meine Kreativität findet Lösungen aus der jeweiligen Situation heraus. Und Spanier sind sicher mit Abstand toleranter als Deutsche. Vielleicht finde ich durch die Hotelleitung eine "Stundenfrau". Meine Mutter spricht etwas Spanisch, und die Mallorquiner sprechen fast alle Deutsch.

Ich hatte die Wahl: Entweder besseres Hotel oder Automieten. Da ich sie ohnehin im selben Zimmer haben muss, weil sie sonst möglicherweise nachts orientierungslos herumirren würde, habe ich meine Wahl zugunsten des Autos getroffen.

Während eines Kurzurlaubs in Castelldefels bei Barcelona anlässlich meines sechzigsten Geburtstags im Februar 2006 zusammen mit den Kindern, Enkeln und Urenkeln stand unsere liebe Oma mitten in der Nacht auf und wollte, nur mit einem Nachthemd bekleidet, immer am Strand entlang gehen, um so zurück nach Hamburg zu gelangen. Irgendwann, da war sie sich ganz sicher, würde sie schon wieder zu Hause ankommen. Gott sei Dank habe ich es bemerkt und fand sie bei lediglich 10° C, frierend und ängstlich, auf dem Außenkorridor des Hotels.

Busfahrten sind in Spanien sehr teuer. Ich habe in vier Urlaubswochen nur für mich allein dafür 200 € ausgegeben, zuzüglich Tagesfahrten. Insgesamt rund 400 €. Die Automiete beträgt bei vier Wochen 900 € zuzüglich rund 300 € Benzin. Davon profitieren dann aber zwei Personen, Fußwege zum Autobus erübrigen sich, und wir kommen auch in entlegene Regionen, wohin ich bislang immer nur zu Fuß gelangen konnte, weil dort keine Busse hinfahren. Das Auto wird den gemeinsamen Urlaub in vielerlei Hinsicht erheblich erleichtern. Ich denke ohnehin darüber nach, möglicherweise wieder ein Auto zu kaufen.

Weil ich aber den sozialen Wert von Bus- und S-Bahnfahrten für meine Mutter schätze, zögere ich noch damit. Außerdem fahren wir kostenlos mit Bahn und Bussen, in ganz Schleswig Holstein und bis nach Lüneburg und Stade. Auch bei Besuchen in anderen Städten irgendwo in Deutschland müssen wir dort nichts für die öffentlichen Verkehrsmittel bezahlen. Und wir müssen nur eine Fahrkarte für den Fernzug kaufen, weil meine Mutter Recht auf eine Begleitperson hat. So fahre ich kostenlos mit, und auch die Platzkarten kosten uns nichts. Sogar in der Oper mussten wir nur eine Karte bezahlen. Viele Vergünstigungen können wir ausnutzen, solange wir auf ein eigenes Auto verzichten.

Apropos "nach Hause" fahren: Schon während eines gewöhnlichen Spaziergangs zu Hause sagt meine Mutter mehrfach: "Da hinten habe ich mal gewohnt, aber da wohne ich schon lange nicht mehr." Wenn wir uns 150 m vor unserem Haus auf eine Bank setzen und ich sie frage, wo sie denn jetzt wohnt und wohin wir gehen wollen, antwortet sie mir: "Dahin jedenfalls nicht, weil ich da nicht mehr wohne." Sie folgt mir dann auch nur zögernd, weil sie ja davon überzeugt ist, dass ich den falschen Weg einschlage. Das erklärt wahrscheinlich, warum sie manchmal bei ihren Alleingängen erst nach drei Stunden wieder nach Hause kommt. Nachbarn haben mir mehrfach gesagt, dass sie nicht immer auf Anhieb in den richtigen Weg einbiegt oder auch schon an falschen Türen der Reihenhäuser ihren Schlüssel ausprobiert hat. Meistens findet sie aber irgendwann doch nach Hause. Zwei bis drei Male im Jahr kam sie bislang auch mal mit Fremden oder der Polizei zurück oder ich wurde angerufen. Dann wurde sie entweder nach Hause gebracht oder die Leute haben sie in ein Taxi gesetzt. Schon darum benötigt sie neben Kopien ihrer Papiere und darin auch Hinweise auf ihre Demenz, immer einen Notgroschen bei sich.

Gemeinsam
am Strand von Castelldefels bei Barcelona
an meinem 60. Geburtstag im Jahr 2006

Da meine Mutter sich absolut nicht mehr allein beschäftigt, muss ich sie entweder ruhen lassen, was auch notwendig ist oder zu Hause beschäftigen. Die andere Alternative sind Ausflüge nach Lübeck, Travemünde, Büsum, Alster, Elbe und dergleichen, Spaziergänge zu Hause, Sauna, Memory spielen, Vorlesen, Fotoalben, Volkslieder singen, Garten-Minimalarbeit, Wäsche legen, Abwasch und Geschirr aufräumen..... oder den TV anstellen. Ich habe dann nur die Möglichkeit, entweder an den PC in den Keller zu gehen, meine Bücher zu schreiben, mein Theologiestudium zu machen und zu lesen, zu musizieren oder mich neben sie vor die Glotze zu setzen.

Wenn ich die Aufzählung sehe, ist eigentlich doch eine ganze Menge da, was mir für mich selbst bleibt. Was mir fehlt, sind meine regelmäßigen, ausgedehnten Bergtouren an der Costa Blanca. Und ich mag auch nicht so gern im Flachland spazieren gehen. Ich liebe die Berge, das Klettern und Steigen und den wundervollen Panoramablick über Berge und Meer. Ich liebe die Freiheit in der Natur, die Stille und Ruhe vor Motorenlärm und Menschen. Und natürlich das mediterrane Klima, das mir ohnehin in den Adern strömt. Das ist es, was mir hier sehr fehlt.

Meine Mutter sieht sich im Fernsehen unterschiedslos alles an, und ich habe dadurch die Freiheit, das Programm auszuwählen. Ich bevorzuge Zoosendungen und Dokumentationen, die mich geistig wandern lassen. Oft bleiben aber nur Krimis, weil das Abendprogramm zu wünschen übrig lässt. Da ich stets den Ton während der 5-Minuten-Werbungen ausschalte, gibt es laufend Erklärungsnotwendigkeiten, weil sie den Grund nicht begreift. Sie merkt auch gar nicht, ob ein Film läuft oder Werbung. Das erschwert jeden "entspannten Fernsehabend", der meistens schon um 15 Uhr beginnt. Ich achte jedenfalls darauf,

das der TV bis dahin ausgestellt bleibt, wenngleich sie bis dahin nur döst.

Die laufenden Erklärungsnotwendigkeiten sind
schon ätzend! Begründe ich ihr aber nicht jedes
Mal geduldig, warum ich ausschalte und wieder-
hole ich das während der fünf Werbe-Minuten
nicht mehrfach von selbst, fragt sie: "Warum ist
denn kein Ton an? Warum hast du ihn abgestellt?
Ist der Fernseher kaputt?" Manchmal steht sie
dann auf und dreht aus mit der Begründung: "Da
ist ja sowieso kein Ton!" Wenn ich während der
Werbepause schnell mal auf die Toilette gehen
will, wird inzwischen entweder der TV ausgestellt oder sie drückt wahllos auf alle möglichen Knöpfe. Dabei wurde auch schon mehrfach das
Programm verstellt.

Vergleichbares passiert mit dem Telefon: Die
Tastensperre wird von ihr immer mal wieder
versehentlich aktiviert. Wenn es klingelt, geht
sie erst sehr spät hin. Meistens bin ich vorher
da, damit die Anrufer nicht auflegen. Selbst
wenn sie daneben sitzt und ich erst aus dem
Keller hinzu laufen muss, nimmt sie das Telefon
erst frühestens nach dem fünften Klingeln auf,
nimmt es zunächst ans Ohr (ohne vorher Knöpfe zu
betätigen). Da es weiter klingelt, falls nicht
schon vorher aufgelegt wurde, nimmt sie den
Apparat in beide Hände und guckt erst einmal
recht entgeistert. Dann nimmt sie den Hörer
vielleicht nochmals ans Ohr und sagt mehrfach
"Hallo?" Anschließend zu mir: "Da antwortet
niemand, und es klingelt immer weiter." Ich habe
dann meine Mühe, das Telefon überhaupt noch zu
bekommen, bevor der Anrufer auflegt. Meine
Mutter wäre übrigens nicht in der Lage, selbst
einen Telefon-Notruf zu tätigen!

Menschen, die uns anrufen wollen, erhalten
alle die Information, dass meine Mutter dement
ist und dass sie ihr gar nichts erklären sollen

sondern nur nach mir fragen. Aber die Leute sind oftmals zu ignorant, um das zu verstehen, denken nicht dran oder wollen es nicht, lassen meine Mutter Notizen machen, die ich, wenn überhaupt, nur verstümmelt bekomme. Oft steckt sie die in gewohnter Weise kleinst zusammen gefalteten oder mit einem Gummiband versehenen Zettel in irgend eine Schublade. Mehrfach habe ich mir freche Bemerkungen und Belehrungen von Leuten anhören müssen, die mir Nachrichten hinterlassen haben. Es wird dann belehrt, dass ich gefälligst das Telefon für meine Mutter unzugänglich stellen oder einen Anrufbeantworter einschalten soll. Auch auf solche Belehrungen antworte ich nicht mehr. Warum sollte ich mich freiwillig in die Defensive begeben?

Wenn man in den Fokus anderer Menschen geraten möchte, muss man nur irgendwie verhaltensauffällig erscheinen. Und das tut man mit schreienden oder fröhlichen Kindern an der Seite, mit einer dementen Mutter, wenn man eine andere Sprache spricht oder wenn man eine andere Hautfarbe hat, und natürlich auch durch eine schöne Gesangstimme. Deutsche haben die widerwärtige Angewohnheit der Einmischung. Sie ertragen es nicht, ganz und gar bei sich selbst zu bleiben und es auszuhalten, dass ein Mitmensch sich anders verhält als sie erwarten. Die oft zwanghaft erscheinende Linientreue und das zwanghafte Mandat des Über-Ichs macht die Deutschen in meinen Augen noch immer zu unerträglichen Bürgern dieser Welt. Ich fühle mich jedenfalls überall freier als in diesem Land. Immer noch, immer wieder und immer mehr.

Vergleichbarer Trouble passiert auch mit Briefen. Ich habe ein Postschließfach eingerichtet, weil sie, bis wir endlich auf ihre Demenz aufmerksam wurden, horrende Summen für Blödsinn ausgegeben hat und ständig mit "Sie-haben-gewonnen-Briefen" bombardiert wurde und auch telefonisch Bestellungen aufgab. Sie gab überall ihre Lebensdaten und Konten preis, erhielt beispielsweise die Aufforderung, 50 € Gewinn-Bearbeitungsgebühr zu überweisen. Der Gewinn wurde natürlich nicht ausgezahlt, und sie vergaß die 50 € ohnehin wieder. Rund 100 Firmen haben sie mit derartigen Versprechen bombardiert und ihr Monat für Monat rund 350 € aus der Tasche gezogen. Bei einer Rente von 900 €.

Durch wechselnde Briefträger gelangt immer wieder Post ins Haus. Es steht ja auch nicht immer das Postfach sondern die Straße auf der Adresse. Inzwischen ist sie nicht mehr fähig, Bestellungen zu machen, aber wenn Post an meine Mutter gerichtet wird (Telefonrechnung, Wasser-, Strom-, Schornsteinfegerbrief und andere Rechnungen), steckt meine Mutter das ein, wenn ich es nicht zufällig vor ihr erwische. Auch kommt Post von TNT, die ja nicht ins Postfach gesteckt werden kann. Die kommt immer nach Hause. Der Schornsteinfeger gar steckt die Briefe persönlich in unseren Briefkasten. Auf diese Weise habe ich schon mehrfach Rechnungen nicht erhalten und Ärger bekommen. Dann sind wieder Erklärungen, Bitten und Hinweise notwendig, die manchmal verstanden werden, manchmal nicht. Es ist wirklich sehr anstrengend, das Leben mit meiner dementen Mutter. Aber ich würde es immer wieder genau so machen, denn ich liebe diese Frau, die mir das Leben geschenkt hat und immer mit reichlich Mitgefühl und Verständnis für mich da gewesen ist. Ihre Macken gehören nun einmal zu ihr wie meine Macken zu mir gehören. Sie trennen uns nicht, sie sind eher verbindend. Und Verzeihen ist ohnehin die eigentliche Grundlage, die Liebe und Treue erst möglich macht.

Meistens bekomme ich auch wegen des Postproblems noch Belehrungen zu hören, wie es "besser" zu bewältigen sei. Die Leute können einfach nicht respektieren, dass sie sich anzupassen haben wie auch ich mich an diese Lebenssituation angepasst habe. Und sie respektieren nicht immer, dass jegliche Einmischung unerwünscht und unpassend ist und mir das Leben erschwert. Ich bin tatsächlich oft damit beschäftigt, mir derartige Anmaßungen vom Leibe zu halten und mein Selbstverständnis aufrecht zu erhalten. Schweigen ist immer die beste Gegenwehr, weil sie eine Abwehr darstellt, die keine weiteren Auseinandersetzungen nach sich zieht.

Heute nahm ich eine fremde Stimme im Haus wahr, als ich mich beim Schreiben im Keller aufhielt. Und als ich hinauf ging, stand da eine unbekannte Frau und wollte meiner Mutter Kartoffeln verkaufen. Die größte Sorge ist, dass meine Mutter fremde Leute ins Haus lässt, wenn ich nicht da bin. Davor aber kann ich sie leider nicht schützen. Ich habe ihr daraufhin recht theatralisch das Märchen vom Wolf und den sieben Geislein erzählt. Aber da sie ja nicht mehr belehrbar ist, war diese Darstellung nur eine lustige Unterhaltung für sie.

Meine Mutter hat noch eine sehr schlimme Macke entwickelt, die richtig gefährlich werden kann! Sie dreht den Griff der Terrassentür (Parterre) und der Balkontür (1. Stock) verkehrt, sodass die Tür leicht von außen aufgedrückt werden kann. Das passiert auch nachts, wenn ich beispielsweise vor ihr ins Bett gegangen sein sollte. Morgens finde ich dann offene Türen vor.

Oder ich gehe einkaufen. Wenn ich wieder komme und sie inzwischen spazieren gegangen ist, finde ich manchmal die Terrassentür offen vor. Das passiert durchschnittlich 2 x im Monat, mal mehr, mal weniger. Also muss ich die Terrassentür per Knopfdruck und Schlüssel richtig verschließen, bevor ich aus dem Hause gehe. Dann kann die Katze weder hinein- noch hinausgehen.

Eine Katzenklappe wäre eine gute Lösung, da aber die Kellertür bereits sehr kaputt ist, versuche ich, das Geld zu sparen. Später müsste ich womöglich eine neue Tür einsetzen, und außerdem müsste eine Zwischentür offen bleiben. Dann aber kühlt das Haus arg aus. Ich kann es meiner Mutter nicht mehr überlassen, unserer kohlrabenschwarzen Liesa die Türe zu öffnen, wenn ich nicht zu Hause bin, was ohnehin äußerst selten vorkommt. Bestenfalls gehe ich mal ins Fitness-Studio oder zum Einkaufen. Es gibt kaum noch Gelegenheiten, wo ich allein einen halben Tag lang unterwegs bin. Aber es reicht, um die Tür doch ein paar Stunden lang offen zu haben. Und in unserer Gegend wird reichlich eingebrochen.

Der Schlüssel der Haustür ist mit einer Kette an der Tür selbst befestigt, weil meine Mutter laufend den Schlüssel verlegt hatte. Wenn sie ihren eigenen Schlüssel nicht findet aber spazieren gehen will und ich zufälligerweise gerade beim Einkaufen bin, reißt sie einfach die Kette kaputt und steckt den Schlüssel ein. Auf diese Weise wird diese Kette laufend von mir repariert und immer kürzer und ich muss wieder einmal nach dem Verbleib des Schlüssels forschen. Er ist zu ihrer eigenen Sicherheit an der Kette: Damit sie die Tür auch dann öffnen kann, wenn sie ihren eigenen Schlüssel aus der Handtasche genommen und verlegt hat. Sie kann aber notfalls auch durch die Kellertür das Haus verlassen. Das ist ihr bekannt.

Da Pfleger nur mit Süßigkeiten herum werfen und sie meiner Mutter auch noch heimlich zustecken, kommt mir kein Pfleger mehr ins Haus. Süßigkeiten bereite ich aus Trockenfrüchten, Kokos, Kakao, Honig, Mohn und dergleichen selbst zu und beziehe meine Mutter mit ein. Sie formt dann die Kügelchen, wälzt sie in Kakao oder Kokosraspeln und hat ihren Spaß dabei. Es ist

ohnehin, mit Verlaub, als Vertreterin der Interessen meiner Mutter allein meine Angelegenheit,
wie und ob, in welcher Form und wann ich was und
wie zusammen mit meiner Mutter unternehme.

Summa summarum: Die Belastung ist in Spitzen
extrem! Insgesamt aber komme ich mit jeder
Situation gut zurecht, weil ich äußerst anpas-
sungsfähig bin, psychologischen Tiefblick habe,
meistens diszipliniert bin und meine Mutter
normalerweise sehr umgänglich ist. Ihre Macken
sind mir gut bekannt, und ich gehe ihnen aus dem
Wege, wenn immer möglich. Was ich aber nicht
gern mag, sind Nachbarn, die es mir anlasten,
wenn ich sehr, sehr gelegentlich und vor allen
Dingen bevor ich hier das Zepter richtig übernommen und die wohnlichen Bedingungen auch für
mich erträglich wurden, mal "laut" geworden bin.

Ich erinnere mich genau daran, dass ich vor
ein paar Jahren wegen einer widerlichen Angewohnheit meiner Mutter verbal ausgerastet bin.
Sie möchte gern Wasser sparen. Also spült sie
die Toilette nicht richtig. Da kommt Pipi auf
Pipi, oben drauf die Kacke, dann nochmals Pipi
und wieder Kacke und dazwischen wie bei der
Lasagne noch Clopapierlagen. Die Toilettenbecken
sind darum während 44 Jahren Benutzung extrem
schwarz durch Urinstein. Er ist nicht mehr
entfernbar, weil einfach zu dick. Möglicherweise
sind auch die Abflussrohre dadurch sehr belastet
worden. Es stinkt oftmals fürchterlich, weil die
Toilette nicht richtig gespült wird. Eigentlich
müssten die Closchüsseln erneuert werden, aber
es wäre ein Fass ohne Boden, wenn ich dies und
das hier auch noch richten würde. Zwei verschiedene Klimaexperten sprachen von 75.000 €, die
hier insgesamt hineingesteckt werden müssten.
Das Haus hat aber lediglich einen Verkaufswert
von 115.000 €.

Was das Toilettenproblem anbelangst, so handelt es sich allerdings um einen Punkt, an dem ich ausrasten kann. Ebenso nach dem Abschneiden des künstlichen Efeus und wenn wieder einmal beide Hüftschutzhosen verlegt sind oder sie das Geschirr in den Bücherschrank gestellt hat oder ich stundenlang nach diesem oder jenem suchen musste. Gestern habe ich beispielsweise insgesamt zwei Stunden lang gesucht: Nach der besagten Hose, die sie vor einem Oberschenkelhalsbruch bewahren soll und nach mehreren Küchengerätschaften. Ich habe deshalb mehrfach auf den Knien gelegen, und hier und da suchend herumgekramt. Wenn sich solche Dinge häufen, ist es äußerst stressend.

Und wenn dann noch eine frische Bemerkung oder ein freches Grinsen dazu kommt, ist die Belastung für mich besonders hoch. Genau eine solche Akkumulation kam zustande, als ich bei offenem Clofenster meine Mutter in italienischer Weise – das habe ich übrigens von ihr gelernt, und sie hat mich als Kind in derselben Weise "behandelt" – angeschrien habe: "Crepa bestia! Kratz doch endlich ab! Hoffentlich stirbst du bald und ich habe endlich meine Ruhe vor dir! Ich habe mein gesamtes Leben für dich auf den Kopf gestellt und auf mein Musizieren verzichtet. Wenn du wenigstens nicht die Frechheit besitzen würdest, mich auch noch anzugrinsen, wenn ich dich frage, warum du deine Kacke nicht wegspülst, warum ich dauernd hinterher spülen muss und warum du schon wieder deine beiden Hüftschutzhosen weggeräumt hast. Lass doch bitte die Dinge, deren Platz du nicht kennst, einfach liegen. Ich räume sie lieber selbst weg, statt dauernd suchen zu müssen." Ihre Antwort ist dann meistens, dass sie gar nicht weiß, was eine Hüftschutzhose ist noch dass sie je eine gehabt habe. Eine solche Antwort ist für Demente normal, da sie sich ja tatsächlich nicht an solche Sachen erinnern können.

Es ist das Zusammentreffen mehrerer Dinge gleichzeitig, weswegen ich sehr sporadisch mal die Nerven verloren habe, die ich dann aber sofort wieder zusammen sammele. Natürlich weiß ich um die Demenz meiner Mutter. Aber die Akkumulation führt auch beim geduldigsten Menschen dann und wann dazu, auch mal in der einen oder anderen Weise auszurasten. Man bekommt durch die ewigen Idiotien manchmal das Gefühl, selbst nicht mehr richtig im Kopf zu ticken. Die pausenlose Belastung ankert im eigenen Kopf wie ein Schiff, das durch schwere See immer wieder an den Ponton geworfen wird. Um die Quellen des Dauerstress auf Abstand zu bekommen, wird dann sehr gelegentlich – und wirklich nur sehr, sehr selten, verbal der "Ballast über Bord geworfen". Es ist völlig normal, auf Nicht-Normales hin Abwehr zu leisten, weil das Selbstschutz ist. Ich bin aber damit beschäftigt, unentwegt das Nicht-Normale an mich heran zu lassen und mit Engelsgeduld und Engelszungen unentwegt zu erklären und Liebe zu versprühen.

Ich bin durch und durch ein treuer Mensch: mir selbst und meinen Mitmenschen gegenüber. Wenn ich nicht wenigstens mal ab und zu in den eigenen vier Wänden durch Worte Dampf ablassen kann sondern auch da noch beobachtet und beurteilt werde, ist das eine weitere Belastung, die ich nicht benötige. Und ich ziehe mir den Stiefel auch nicht an, wenn Nachbarn darüber tratschen, was sie ohnehin nur bruchstückhaft durchs Fenster gehört haben. Auch aus anderen Häusern kommen mal laute Töne, die ich weder beurteile noch verurteile. Und die zärtliche anschließende Umarmung hat sowieso keiner gesehen.

Jeder, der unter einem derartigen Dauerstress
mit einem dementen Menschen lebt, hat längst
gelernt, sich selbst keinen Vorwurf mehr zu
machen, wenn er/sie sehr gelegentlich mal eine
harsche Zurückweisung macht oder auch mal ein
unkontrolliertes, drastisches Wort sagt. Das
wird ohnehin gleich wieder vergessen. Wer sich
da Selbstvorwürfe macht, ist ungeeignet, der
nächsten Welle, die unweigerlich auf ihn
zurollen wird, stand zu halten. Ich aber halte
stand: Unentwegt und schier pausenlos. Ein Fels
in der Brandung!

Es sollen sich schämen, die da über mich
schreien: "Da! Da!" - So heißt es in einer
Schütz-Motette nach einem Psalm. Diese Motette
habe ich in Panamá vor dem dortigen Erzbischof
in der Kathedrale gesungen. Ihr kleinkarierten
Lästermäuler, die ihr nicht über euren Teller-
rand gucken könnt, habt ja gar keine Ahnung, was
für einen Menschen ihr hier unter Euch habt. Und
ich werde heilfroh sein, wenn ich Euch allen den
Arsch zukehren kann. Bis dahin aber halte ich
Eure dusseligen Gesichter noch aus: Meiner
Mutter und nur ihr zu Liebe habe ich all das
hier auf mich genommen und zuvor noch das ganze
Haus von oben bis unten und drinnen auch noch
von meinem Geld reparieren lassen. Dafür musste
ich mir die freche Unterstellung gefallen
lassen, vom Geld meiner Mutter zu leben. Als
wenn ich das nötig gehabt hätte! Umgekehrt war
es, denn ich habe das Haus von oben bis unten
reparieren lassen, selbst repariert, eine neue
Küche und sämtliche Elektrogroßgeräte bezahlt,
alle Vorhänge und Teppiche neu gekauft und auch
fast alle Möbel im Laufe von sechs Jahren neu
angeschafft. Derzeit wird ein elektrischer
Sessel für meine Mutter hergestellt, um ihr das
Leben mit Rückenschmerzen zu erleichtern. Tag
und Nacht bin ich damit beschäftigt, meiner
Mutter das Leben so angenehm wie möglich zu

machen und gleichzeitig mein eigenes Leben unbe-
lastet zu halten, indem ich mit der Situation
lebe, mich aber nicht von ihr auffressen lasse.
Ich habe weder ein Helfersyndrom noch leide ich
an co-Abhängigkeit.

Ich bin zu 98% der geduldigste und liebenswür-
digste Mensch überhaupt, extrem belastbar und
von höchster Motivation. Ein Mensch, dem Ethik
und Nächstenliebe weit über das eigene Wohl geht
und der mit den eigenen Wünschen insofern hinter
her klappert, als an erster Stelle ethische
Lebensinhalte stehen. Um die herum ranke ich
dann meine eigenen Bedürfnisse. Ich bin, wirklich ohne Selbstbeweihräucherung zu betreiben,
ein durch und durch selbstloser Mensch. Anders
würde ich mich bei mir selbst gar nicht wohl
fühlen. Und darüber hinaus habe ich meine
Persönlichkeit gut entwickelt, wie ich glaube
und bin selbständig genug, mich selbst zu
bewahren und nicht erneut seelisch zu erkranken.

Vielmehr habe ich mir hier durch mein Bücherschreiben eine Jahrzehnte alte posttraumatische
Belastungsstörung selbst geheilt. Das wäre
unmöglich gewesen, wenn ich hier in co-Abhängigkeit oder gar unfreiwillig leben würde. Es zum
Gelingen zu bringen, eine aufopferungsvolle
pflegerische Leistung bei gleichzeitiger inner-
licher Unabhängigkeit zu erbringen, erfordert
reichlich Charakterstärke und seelische Gesundheit. Genau das aber ist mir zu eigen.

Diejenigen, die ihr Maul besonders weit
aufreißen aber ihre eigenen Eltern nicht laufend
um sich herum haben, die mir erzählen, sie
wüssten sehr gut, dass es sehr belastend ist,
sich um seine alten Eltern vierundzwanzig
Stunden am Tag[3] zu kümmern die es aber nicht auf

---

3 **Zwei Buchempfehlungen:**
   Nancy L. Mace und Peter V. Robins - *Der 36 Stunden Tag - Die Pflege des
   verwirrten älteren Menschen, speziell des Alzheimer-Kranken* - Hans Huber-Verlag

sich nehmen, einen solchen Liebesdienst zu übernehmen, haben überhaupt kein Recht dazu, ein anmaßendes Urteil zu fällen. Warum klopft denn niemand an unsere Türe und geht mal mit meiner Mutter spazieren? Wer sich dazu zu schade ist, ihr diesen Liebesdienst zu erweisen, wie früher mal mit ihr spazieren zu gehen oder sie zu besuchen, hat gar kein Recht darauf, mir unhaltbare Schuldzuweisungen zu machen.

Immer mehr der alten Bekannten haben sich im Laufe der Jahre zurückgezogen. Die Menschen glauben, dass, wenn ein Dementer sie nicht mehr erkennt, es auch keinen Sinn macht, ihn noch zu besuchen. Dabei sind gerade demente Menschen so sehr empfänglich für Zuwendungen, für Liebe und Sympathiebekundungen! Wir sollten uns auf einfachem Niveau mit dementen Menschen befassen, nichts von ihnen erwarten aber ihnen reichlich Zuneigung zeigen, denn sie haben eine besonders sensible Gefühlswelt. Vielleicht sollen diese Sinne den verloren gehenden Verstand auszugleichen helfen. Und gerade über diese Schiene der Zärtlichkeiten können wir miteinander wunderbar, im Sinne des Wortes "wunderbar" kommunizieren.

Gemeinsam Volkslieder singen, spazieren gehen, alte Fotoalben gemeinsam ansehen, Erinnerungen, die der Demente nicht mehr hat, durch Fotos belegen, auf denen er sich selbst wieder erkennt. An vertraute Orte gehen und sich anhören, was er dort immer wieder zu sagen hat: Immer dasselbe. Und gerade diese Form der Ordnung wiegt ihn in Vertrauen und Sicherheit. Es sind die Vertrautheiten, mit denen wir ihn/sie in Berührung bringen sollten, und es gibt so viele Möglichkeiten, mit einem dementen Menschen zu kommunizieren! Aber dafür benötigen wir Zuwendung und Liebe. Wir müssen es auch

Erwin Böhm - *Verwirrt nicht die Verwirrten - Neue Ansätze geriatrischer Krankenpflege* - Psychiatrie-Verlag hinnehmen, dass wir nicht unbedingt ein Echo bekommen. Wir müssen ganz einfach nur geben, ohne etwas zurück zu erwarten.

Die Unterstellung, ich sei aufs Erbe aus, ist ohnehin lächerlich, denn ich habe von diesem ganzen Engagement nicht mehr als die Genugtuung, meiner Mutter beizustehen und sie vor einem Altersheim zu bewahren. Die drei Male, die sie zur Kurzzeitpflege in einem Seniorenheim war, kam sie leicht verstört von dort wieder und erschien mir um Jahre gealtert. Es hat jedes Mal wohl an die vierzehn Tage gedauert, bis sie wieder "normal" erschien. Außerdem war sie da immer wieder unterwegs gewesen und verschollen. Sie ist beispielsweise in Hausschuhen zu Fuß durchs Niendorfer Gehege gegangen, um nach Hause zu kommen. Das aber ist niemandem aufgefallen und niemand hat sie aufgegriffen. Niemand hat die Augen offen gehabt. Vielmehr kam auch da nur der übliche gehässige Vorwurf, wo ich denn eigentlich sei und warum ich mich nicht um meine Mutter kümmere! Allerdings hat eine freundliche Nachbarin dazu gekontert: "Aber die Frau muss doch auch mal in Urlaub gehen und sich erholen."

Diese liebenswürdige Nachbarin, die auf der anderen Seite unseres Hauses in der Reihe gegenüber wohnt, hat mir immer mal wieder mitgeteilt, was die Leute so über mich reden. Sie war auch die einzige, die immer mal wieder nach meiner Mutter gesehen hat, als ich sie in den ersten Jahren noch manchmal allein lassen konnte. Immer bereitwillig und oft stundenlang hat sie sich mit meiner Mutter befasst. Es gibt also durchaus auch tatkräftige Hilfe durch Nachbarn. Aber sie ist eben selten und offensichtlich auch einmalig. Doch halt! Da ist noch eine freundliche Nachbarin. Zwar können sich diese beiden Frauen gegenseitig nicht leiden, aber diese zweite Frau kümmert sich um einen alten Herrn, der neben ihr wohnt und offensichtlich neben seiner Herzkrankheit auch immer verwirrter wird und sich mehrfach schon ausgeschlossen hat. Allerdings wartet auf ihn, wie ich erfahren habe, wohl demnächst das Altersheim. Er hat eben nicht das Glück, dass er mit seinen Kindern zusammen wohnen könnte. Das aber ist ab einem bestimmten Punkt unerlässlich. Vielleicht sperrt er sich unbewusst auch darum immer mal wieder aus, weil seine Kinder dann herbeieilen und ihm die Tür öffnen müssen. Wohl dem, der nicht nur Kinder hat, die in der Not herbeieilen sondern die bereit sind, ihr Leben mit den alten Eltern zu teilen!

Meine liebe Mutter ist einfach nur glücklich und sehr zufrieden, zu Hause bleiben zu können, was sie auch manchmal von sich aus sagt. Dann nehmen wir uns in die Arme und freuen uns aneinander. Ich gehe oft auf sie zu und umarme sie, streichele sie, gebe ihr einen Kuss und bin einfach nur freundlich und von Herzen lieb. Und ich bin ebenfalls glücklich und zufrieden, denn als Kind habe ich meine Mutter sehr entbehren müssen, weil sie den Lebensunterhalt für sich, ihre Mutter und mich erarbeiten musste. Das waren oft harte, von Entbehrungen begleitete Zeiten.

Ich habe immerhin mein Spanien, mein Eigenleben, meine Wohnung und meine gut eingeführte Musik aufgegeben, meine wunderbaren Bergtouren und Wanderungen am Mittelmeer entlang, meine Freiheit und meine Sonne, um hier die Rolle der guten Tochter und verständnisvollen Pflegerin meiner Mutter zu übernehmen und mich voll und ganz damit zu identifizieren. Was mehr kann diese dusselige Nachbarschaft mit ihren dämlichen Klatschmäulern eigentlich erwarten!?

Also bitteschön: Klappe halten! Es kann meiner Mutter gar nicht besser gehen als unter den gegebenen Bedingungen! Ich kann zwar niemandem hier verbieten, hinter meinem Rücken herum zu tratschen, was ich angeblich gesagt habe, wie ich es angeblich gesagt habe, welche Absichten ich wohl habe, und vor allem kann ich nicht verhindern, dass die Leute mehr wissen als ich. Ganz ehrlich gesagt: Die Leute und ihr Gequatsche sind mir scheißegal! "Do watt du wullt: De Lüüd snackt doch!" (Tu was du willst, die Leute reden doch.)

Wenn eines Tages mein Engagement hier zu Ende sein wird, werde ich umgehend meine Sachen umzugsbereit verpacken, selbst das Haus verlassen und unmittelbar nach dem Verkauf meine Sachen abholen und nachkommen lassen. Man wird mich hier bis dahin nicht mehr sehen, denn ich werde alles einem Makler übergeben und umgehend in mein geliebtes Spanien zurückkehren, das ich für meine Mutter aufgegeben habe, weil sie partout nicht kommen wollte. Wäre sie gekommen, hätte ich immer noch an der Costa Blanca musizieren können, wo ich mir immerhin rasch einen Namen gemacht hatte. Aber alte Bäume verpflanzt man eben nicht, und hier ist sie in der Lage, allein spazieren zu gehen, und sie begegnet allenthalben vertrauten Orten und Gesichtern. Ich werde aber keine Minute länger hier bleiben als ich mir in meiner Treue selbst auferlegt habe. Ich stehe zu meinem Wort, jedoch keinen Tag länger als notwendig!

Ich habe hier allerlei Anfeindungen zu spüren bekommen, die ich durchaus mit dem deutschen Grundcharakter in Verbindung bringe. Sehr Ähnliches habe ich in der Kindheit wegen meines italienischen Vaters zu spüren bekommen. Sie nannten mich abwechselnd Oma Duck und Itacker-Bastard und haben mich in ihrem Hass fast erschlagen. Ich habe das in meinen beiden Selbsttherapiebüchern ausführlich beschrieben. Hass, Unverständnis, Verleumdung und sogar ein drastischer Mordversuch an mir, als ich acht

Jahre alt war, waren meine ersten Erfahrungen mit diesem Land. Immer wieder wurde mir eingebläut, dass ich ein minderwertiger Mensch sei und mein sizilianisches Erbe nun einmal nicht wertvoll sei. Lehrer, Nachbarn und meine Mitschüler ließen mich das laufend spüren, und oft genug habe ich das meine Klassenlehrerin direkt sagen hören. Was mir die besagte Nachbarin ans Zeug flicken wollte, schlug genau in diese Kerbe, und ich wurde durch diese Frau wieder einmal Zeuge, wie kleinkariert und gehässig die Deutschen sein können. Ich spreche aus bitterer Erfahrung, die ich keinesfalls schönreden möchte! Mir ist tatsächlich nirgendwo in der Welt so eine Kleinkariertheit wie hier begegnet.

Ich werde froh sein, einige bestimmte Nachbarinnen nie wieder sehen zu müssen. Nichts erscheint mir arroganter, als die Gehässigkeit von dummen Menschen, die selbst körperlich und seelisch krank sind, sich krank fressen, herumjammern und sich in anderer Leute Sachen einmischen, selbst unqualifiziert herumreden und sich so sicher darüber sind, dass ich der schlechteste Mensch überhaupt sei. Es gibt Menschen, für die es besser wäre, wenn sie gar nicht erst geboren worden wären, sagte schon Jesus. Und Judas hat wahrhaftig viele Gesichter. Einige davon leben offensichtlich in meiner Straße und vergessen, vor der eigenen Haustür zu kehren!

Und das meine ich wortwörtlich, denn der Dreck, der da ständig herum liegt, ist wirklich widerlich anzusehen. Fünf Jahre lang habe ich den Dreck ausgerechnet der netten Nachbarin regelmäßig weggefegt, die mich beim Vormundschaftsgericht verleumdet hat. Bis ich mir eines Tages gesagt habe, dass ich nicht für den Unrat dieser Person zuständig bin. Es reicht mir, bei mir selbst für Sauberkeit und Ordnung zu sorgen.

Darüber hinaus für Schönheit, für Ästhetik und Ethik. Aber ich kehre nicht mehr den Dreck vor der Türe anderer Leute weg. Und so ist die Regen-Abflussrinne laufend von dem Schmutz, den ihre Hecke macht, verstopft, und das Wasser steht auf meinem Gehweg und ärgert alle Nachbarn, die da entlang gehen. Aber ich bleibe in diesem Fall stur!

Wenn schon so viel Blödsinn über mich verzapft wird, möchte ich doch gern wissen, was da noch Böses zu unterstellen bleibt, wenn ich mit meiner Mutter zusammen gesehen werde. Unentwegt bin ich mit ihr zusammen! Das wird offensichtlich nicht registriert, wohl aber, dass sie gern allein spazieren geht und ich es auch doppelt genieße. Einerseits, weil ihr diese verbliebene kleine Selbständigkeit sehr gut tut und andererseits, weil ich dann mal ein paar Augenblicke allein zu Hause sein kann. Aber natürlich habe ich auch da Kommentare zu hören bekommen: "Sie sollten ihre Mutter nicht immer allein laufen lassen. Es könnte ihr doch etwas zustoßen, und manchmal findet sie doch den Weg nicht zurück." Diese "Manchmale" sind so selten, dass ich meiner Mutter gern ihre Freiheit lasse, auch mal allein und unbegleitet ihre Schritte lenken zu dürfen. Genauso, wie sie es auch früher gemacht hat.

Man sieht uns auch regelmäßig mit dem Koffer zur Sauna gehen, wo ich eigentlich doch wenigstens ein paar Stunden die Woche für mich selbst beanspruchen könnte. Nach dem Gesetz habe ich sogar Anspruch darauf. Ich ziehe es aber vor, meine Mutter nicht stundenlang allein zu lassen sondern nehme sie auch an meinem Entspannungstag mit. Sie ist so gern unterwegs und war es auch früher immer. Und ich nehme die begleitenden Strapazen dieser Unternehmungen auf mich, obwohl sie spätestens auf dem Nachhauseweg einen Spießrutenlauf für mich veranstaltet, der die ganze

schöne Unternehmung eines wunderschönen gemeinsamen Tages wieder verblassen lassen könnte.
Trotzdem gehe ich wieder mit ihr los: Weil sie
Freude daran hat und sonst hier zu Hause herum-
liegen und versauern würde. Und manchmal gibt es
auch gar keine Probleme auf der Heimfahrt.

Ich habe sie aus der Tagespflege heraus
genommen, wo sie ohnehin nur 1 x die Woche
hingehen konnte, weil die Pflegeversicherung
mehr nicht bezahlt. Ich musste immer bis 9 Uhr
und ab 16'30 wieder anwesend sein. Eine solche
Zeitspanne hindurch aber kann ich sie ohne
Probleme auch mal allein lassen. Es war für mich
kein wirklicher Erholungstag noch war er gut für
meine Mutter. Zwar kam sie immer fröhlich wieder
nach Hause, aber meiner Mutter wurden zu viele
Zuckersachen und andere raffinierte Produkte
gegeben. Sie wurde nicht annähernd vollwertig
ernährt. Meiner diesbezüglichen Bitte wurde
nicht stattgegeben sondern ich wurde mit
Vorwürfen bedacht. Die Tagespflege stellte im
Fall meiner Mutter lediglich hohe Ausgaben für
die Pflegeversicherung dar, die in keinem
Verhältnis zum Nutzen standen.

Seit knapp sechseinhalb Jahren mache ich
diesen Job hier schon von ganzem Herzen. Die
Jugend meines eigenen Alters gebe ich für das
Wohl meiner Mutter hin. Was könnte ich besseres
tun, als sie zu lieben!? Dass ich dafür aus der
Nachbarschaft offensichtlich von einigen dämlichen Leuten Verachtung ernte, häufelt sich auf
deren Haupt als Sünde. Nicht aber mein Fluch,
den man offensichtlich durch das offene Toilet-
tenfenster gehört und in den falschen Hals
bekommen hat. Nicht jeder, der im Zorn mal sagt:
"Crepa bestia" meint das wirklich so, obwohl man
sicher nur das im Zorn sagt, was man auch meint.
Trotzdem sind Morde, die solchen Zornausbrüchen
folgen, sicher eher die Ausnahme. Aber zwischen
einem solchen Wunsch - dass es nämlich mit dem

Stress endlich mal aufhören sollte – und dem
Wunsch, dass es meiner Mutter noch viele Jahre
lang gut gehen möge, haben wir doch die gesamte
Palette an Wirklichkeit, die sich in unter-
schiedlichen Gefühlen ausdrückt. Und zu denen
gehört auch mal ein drastisch geäußerter Wunsch.
Er besagt lediglich: "Schluss endlich!"

Meiner Mutter und mir ist die italienische
Lebensart ohnehin in Fleisch und Blut überge-
gangen. Und dazu gehören auch derartig drastische Ausdrücke. So sagt beispielsweise eine
liebevolle Mutter auch in höheren Gesellschafts-
kreisen durchaus mal "Figlio d'una putana". Das
heißt zu deutsch: "Hurensohn". Dass sie sich
damit selbst als Hure bezeichnet, ist ihr im
Eifer gar nicht bewusst. In Spanien gibt es
ähnliche Ausdrücke. Ich will damit ja gar nicht
deftigen Ausdrücken das Wort reden, will sie
aber auf das zurückschrauben, was sie sind und
was sie auch bleiben sollen: Ein harmloses
Ventil, das mit einer liebevollen Umarmung eine
Abrundung und das Zurückfließen in die Normalität darstellt.

"Crepa" oder auch deutlicher "Crepa bestia"
heißt übersetzt: "Stirb Vieh!" Damit ist das
Tierische im Menschen gemeint, und zwar dasjenige, was uns ungehobelt und undiszipliniert am
Mitmenschen erscheint. Besagter Ausdruck wird in
Italien relativ häufig gebraucht wie überhaupt
im Süden – auch in Spanien – derartige Ausdrücke
drastischer sind als in Deutschland. Es werden
in ähnlicher Weise unglaublich brutale Ausdrücke
gegen Gott, Religion und Kirche herausgeschleu-
dert. Eben alles, was einem eigentlich heilig zu
sein hat, wird zur verbalen Entlastung aufs Korn
genommen.

Dass es dann allerdings ebenso ungehobelt und
undiszipliniert aus einem genervten Menschen
herausbricht, ist offensichtlich. Und natürlich

ist das keine erstrebenswerte Wortwahl für eine angenehme und wohltuende Kommunikation. Sehen wir derartige verbale Ausfälle aber als plötzlichen "Durchfall der Seele" oder auch einen "dicken Furz der Seele" an, der durchaus zum Himmel stinken mag, dann verstehen wir sie als reinigendes Gewitter, nach dem die Sonne wieder aufziehen kann. Und das tut sie ja auch. Herumgebrülle ist hier zu Hause ja keine regelmäßige Angelegenheit sondern kam nur sehr wenige Male vor. Und ein göttliches Donnerwetter gab es auch schon bei den antiken Göttern bis hin zu unserem christlichen Gott. Die Götter waren weder im Töten noch mit Worten zimperlich. Von uns aber wird erwartet, dass wir weder töten noch schimpfen. Wo bleibt die Gleichberechtigung?

Wenn ich nicht wollte, dass meine Mutter noch lange lebt, würde ich sicher nicht alles daran setzen, dass sie tatsächlich noch lange lebt. Und zwar in ihren eigenen vier Wänden und unter der Gewährleistung bester Pflege, die nur ich ihr in der Weise bieten kann, wie sie sie benötigt: Inklusive vollwertigem Essen und all dem, was sonst noch durch Herz und Magen geht. Ich lasse mir meine Liebe zu meiner Mutter nicht vermiesen noch dadurch ausreden, dass man mir diesen einen und ähnliche Flüche aufs Butterbrot schmiert. Und vor allen Dingen wird es niemandem mehr gelingen, mich zu beugen noch meiner Mutter und mir das Leben schwer zu machen. Es gibt doch, weiß Gott, Schöneres im Leben, als sich über andere Menschen aufzuregen! Genau darum schreibe ich auch dies Büchlein: Dampf ablassen und meinen Lesern ermöglichen, sich selbst wegen derartiger Entgleisungen den Eltern gegenüber nicht zu verdammen, sich über dumme Bemerkungen nicht aufzuregen und sich selbst und die zu pflegenden Eltern lieb zu behalten. Alles andere soll außen vor bleiben!

Ich habe meine Vergangenheit aufgearbeitet und bin dadurch auch in der Lage, trotz erheblicher Belastungen mit meiner Mutter zu leben und ihr ihren Lebensabend mit Fröhlichkeit und vielen, vielen gemeinsamen Unternehmungen schön auszugestalten. Wir waren immer ein starkes Haus von Frauen: Meine Urgroßmutter, Großmutter, Mutter und jetzt ich. Es war uns immer selbstverständlich, uns in den Unbilden des Lebens gegenseitig zu unterstützen. Warum sollte das jetzt anders sein? In vielen Familien gibt es Probleme zwischen Eltern und Kindern, zwischen Söhnen und Vätern und Töchtern und Müttern. Wer wollte es wegreden, dass es sie gibt? Auch zwischen meiner Mutter und mir gibt es eine Vergangenheit, aber sie steht nicht mehr zwischen uns sondern sie verbindet uns miteinander. Ja, diese Vergangenheit verbündet uns sogar gegen den Rest der Welt, der wir unbeugsam gemeinsam gegenüber stehen können, denn gemeinsam sind wir stark.

Ich bin der letzte Mohikaner dieser Familie. Wer wird einmal für mich sorgen, wenn ich schwach und hilfsbedürftig allein auf weiter Flur da stehe? Ich werde in Spanien leben und möchte auch nie mehr nach Deutschland zurück kehren. Neue Freunde, neue Begegnungen werde ich haben. Ein paar Freundschaften werde ich wieder aufwärmen können. Aber Familie habe ich dort nicht. Oftmals sind Freunde ohnehin wertvoller als eine zerschlagene Familie, die es nicht gelernt hat, ihre Vergangenheit in den Griff zu bekommen und in ihr Leben zu integrieren. Wer sich rechtzeitig darin übt, abschiedlich zu leben und an nichts und niemandem kleben zu wollen, wer sich also wirklich ablösen kann, wird auch die letzten Jahre seines Lebens noch zufrieden bleiben. Einsamkeit und Alleinsein sind ohnehin nicht identisch. Ich liebe das Alleinsein, das ich bislang immer noch mit mir selbst auszufüllen verstehe. Und ein Blick hinaus in die Natur erlaubt mir einen Einblick in die Ewigkeit Gottes.

Unser "Frauenhaus" hat auch gegen die eigene Schwäche eine Trutzburg erarbeitet, die den guten Willen weit übersteigt, denn der gute Wille allein wäre zu wenig. Vielmehr habe ich das Bewusstsein entwickelt, aus der göttlichen Kraft heraus zu leben. Und wo meine Mutter nicht mehr allein gehen kann, da bin ich ihre starke Begleitung geworden.

Wäre ich nicht aus Spanien heimgekehrt und hätte ich statt dessen meinem Egoismus gefrönt, so wäre meine Mutter längst nicht mehr in ihrem eigenen Hause sondern dort, wo sie nicht hin will: Im Seniorenheim. Dort müsste sie ihre Ernährungsweise drastisch anpassen. Und ich habe ja gesehen, wie wenig auf ihre Bedürfnisse eingegangen wurde. Nur in einem der drei Häuser, in die ich sie während meines Erholungsurlaubs gab, gab man ihr die mitgegebene Tiefkühlkost. Ansonsten aber war die Ernährung dort schauderhaft ungesund. Das Schlimme ist, dass die Verwaltung das nicht einmal erkennt.

Es ist eben ungesund, sauren Hering mit Bratkartoffeln und Speck, einen Nachtisch aus Zuckerzeugs und gezuckerte Limonade zum Trinken zu reichen. Nachmittags dann Kaffee mit Zucker und Kuchen aus raffiniertem Mehl mit nochmals reichlich Industriezucker. Morgens und abends entweder weißes Pappbrot oder Feinbrot, dass ebenfalls aus raffiniertem Mehl hergestellt wird. Dazu Marmelade oder vielleicht ein wenig Käse oder Wurst, ab und zu ein Eichen und so gut wie nichts Frisches. Viel zu wenig Gemüse wird gereicht und viel zu viele raffinierte Kohlenhydrate gibt es.

Obendrein belastet der Cholesterintick alle Altenheime. Die Menschen erhalten keine oder fast keine kaltgepressten Öle und zu wenig

vernünftige gute Butter. Das Essen ist zudem
meistens zerkocht, weil die Alten nicht mehr
richtig kauen können. Die Alten erhalten zu
wenig Grünzeug, zu wenig oder gar kein frisches
Obst, ausschließlich raffinierte Zerealien, und
viele leiden unter Sodbrennen und Verstopfung,
was kein Wunder ist. Nicht nur, dass sie dadurch
krank werden und das Gesundheitssystem belasten.
Nein: Sie müssen höchst persönlich leiden!

Was ich auf den Tellern dort in den Altenheimen
sah, hat mich erschaudern lassen. Man war in
einem Haus nicht einmal bereit, meiner Mutter
frisches Obst zu pürieren. "Dafür haben wir
keine Zeit. Wenn die Leute keine Zähne haben,
bekommen sie eben keinen Salat und müssen
gekochtes Obst essen." erhielt ich zur Antwort.
Aus dem Haus konnte meine Mutter auch mehrfach
ausbüxen, weil der Fahrstuhl direkt zur Straßen-
seite hin aufging und sie immer wieder unbeob-
achtet das Haus verlassen konnte. Und dies an
einer gefährlichen Durchgangsstraße. Bis abends
um 23 Uhr wurde sie gesucht und war bei 15°
Außentemperatur lediglich mit einer dünnen
Strickjacke bekleidet.

Meine Mutter ist seit fünfundzwanzig Jahren
Vegetarierin und an sehr viel Rohkost gewöhnt.
Erst der intensive Italienischunterricht, den
sie seit ihrer Rente zu Hause gab, brachte sie
in die Sackgasse des Keksessens anstelle einer
vollwertigen vegetarischen Mahlzeit. Warum
sollte sie im Alter wieder auf gesunde Kost
verzichten müssen?

Es ist da noch sehr viel im Argen in Altenheimen und in der Alten-Tagespflege! Vollwertkost ist dort noch längst nicht angekommen. Nun
aber ausgerechnet im Alter wieder darauf
verzichten zu müssen und eine absolut nicht
vollwertige, wenn auch vegetarische Ernährung
vorgesetzt zu bekommen, die eben nicht genügend

Wert auf Vollwertigkeit und ausreichende Eiweiße
legt sondern lediglich das Fleisch weg lässt,
ist eine Zumutung ersten Ranges. Vegetarische
Ernährung muss ordentlich zusammen gesetzt
werden. Wenn das nicht beachtet wird, kommt es
unweigerlich zur Fehlernährung mit für die
Gesundheit katastrophalen Folgen. Aber genau das
wird nicht beachtet.

Meine Mutter erhält nun von mir wieder das, was
sie ohnehin gewohnt ist: vollwertige Ernährung,
die allerdings in den letzten Jahren, bevor ich
kam, zurückgefahren worden war. Auch aus demen-
tiellen Gründen. Aber in erster Linie darum,
weil sie zu Hause fast täglich und das mehrfach
am Tag, Italienischunterricht erteilte und den
wie eine Kaffeeklatsch-Partie aufzog. Sie
stellte Kaffee, Kekse, Schokolade und Kuchen auf
den Tisch und aß zuletzt nur noch diese Sachen.

Eine Altenpflegerin und auch der amtlich
bestellte Betreuer, die anderthalb Jahre lang 1
- 2 x die Woche nach meiner Mutter sahen, gaben
mir zur Antwort, als ich sagte, dass das so mit
der Ernährung nicht weiter gehen könne: "Gönnen
sie doch ihrer Mutter die Kekse und
Süßigkeiten!" Die Altenpflegerin unterstrich
sogar noch, dass meine Mutter "selbstverständlich nur das bekommt, was sie verlangt." Von der
Richterin aber wurde ich gerade diesbezüglich
sehr genau unter die Lupe genommen. Sie wollte
nämlich von mir wissen, ob ich notfalls auch
gegen die Wünsche meiner Mutter handeln würde,
wenn ich erkenne, dass meine Mutter nicht im
Stande ist, korrekte Entscheidungen für ihr
eigenes Wohl zu treffen. Selbstverständlich habe
ich als Betreuerin meiner Mutter die Pflicht,
dafür Sorge zu tragen, dass sie gesunde Ernährung erhält. Und wir haben damit auch keinerlei
Probleme. Es ist aber durchaus allgemein
bekannt, dass die Alten weder in den Altenheimen
noch zu Hause wirklich gesund ernährt werden.

Ich wurde gerade eben wieder durch so eine
typische Verhaltensweise meiner Mutter gereizt.
Heute Nachmittag gab es Erdbeeren mit Schlag-
sahne. Ein Rest stand für sie noch in der Küche
bereit. Sie kam eben vom Spaziergang nach Hause,
während ich an diesem Büchlein geschrieben habe.
Also sagte ich ihr: "In der Küche steht noch die
Schüssel Erdbeeren für Dich." Mehrfach fragte
sie, ob da wirklich Erdbeeren seien. Dann ging
sie los und kam damit wieder ins Wohnzimmer. Und
obwohl sie deutlich sah, dass ich konzentriert
am Laptop arbeitete, fragte sie diverse Male
nach, ob sie die Erdbeeren wirklich essen
"darf". Und obwohl ich ihr das ebenfalls mehrfach bestätigt habe, hat sie erst damit aufgehört, als ich ihr ärgerlich sagte: "Nun halt
endlich deine Klappe. Du siehst doch, dass ich
zu arbeiten habe." Antwort: "Entschuldige, aber
ich muss doch wissen, ob ich die Erdbeeren wirklich essen darf. Oder sind die doch für
dich...." - "Klappe halten!" habe ich gekontert.

Da endlich hat sie aufgehört. Es ist ihre
Eigenschaft, Menschen mit solchen Fragen bis zur
Weißglut zu reizen. Erst durch ein hartes Wort
von mir stellt sie es endlich ein. Das ist
tatsächlich nicht dementiell sondern charakter-
lich bedingt und war noch nie anders bei ihr.
Wenn ich aber in der Öffentlichkeit ebenfalls
durch einen "deutlichen Schlusspunkt" ein Ende
ihrer Triezereien herbeiführe, verstehen die
lieben Mitmenschen natürlich nicht, dass es die
einzige Möglichkeit ist, sie überhaupt zum
Aufhören zu bewegen.

Wir freuen uns dennoch reichlich aneinander.
Und das ist es, was zählt: Die vielen gemeinsamen Stunden und das allgemeine Zusammenleben:
Die Normalität samt Licht- und Schattenseiten.
Und wenn sie bei Spaziergängen auch immer wieder
an der selben Stelle neben mir herplappert: "Oh,
dieser schöne große Baum! Guck mal, wie groß er

ist!" Da es viele große Bäume gibt, sagt sie das immer wieder und wieder.

Und plötzlich bleibt sie unvermittelt stehen und schaut gebannt in eine Richtung. Jeder andere Mensch, der sie so ruckartig stehen bleiben und starren sieht, wird aufmerksam und schaut in dieselbe Richtung. Und dann kommt ein ebenfalls notorisch wiederholtes Wort: "Guck mal da! Das Fenster da! ---- Da möchte ich wohnen. Da kaufe ich mir eine Wohnung!" Und immer ist es dasselbe. Und, ehrlich gesagt, reagiere ich oftmals verärgert darauf, weil ich schon wieder auf dieses blöde Wort hereingefallen bin. Auch das ist nicht dementiell. Auch das hat sie schon immer so gemacht.

Ich werde die immer selben Formulierungen meiner Mutter eines Tages ganz sicher vermissen, ihre verschiedenen Lieder, die mir heute auf die Nerven gehen, weil sie auf Stichworte hin erfolgen und ich sie schon erwarte, bevor sie sie singt. Auf "Rom" folgt: "Roma divina". Und da zeigt sich, wie toll so ein Altgedächtnis eines altersdementen Menschen doch noch funktionieren kann, denn das Lied ist recht lang. Und sie schwelgt dann in Erinnerungen an ihre vier Jahre in Rom, wo sie zwar keine leichten Zeiten hatte, weil es die Zeit direkt nach dem Krieg war. Aber doch war es eine glückliche Zeit. Immer wieder kehrte sie im Urlaub dorthin zurück. Ich wurde im Jahr 1946 in Grottaferrata geboren. Das liegt etwas außerhalb, drei Kilometerchen von der Weinstadt Frascati entfernt, in den Albaner Bergen. Wie schon erwähnt: Darüber habe ich ausführlich in meinen beiden Selbsttherapiebüchern geschrieben.

In den Albaner Bergen, gar nicht weit entfernt von Grottaferrata, was übersetzt in etwa "die mit Eisen ausgestatte Grotte" heißt, liegt der Sommersitz des Papstes: Castellgandolfo. Wie oft ist sie mit ihrem kleinen Mädelchen Sofia im

Albaner See unterhalb der Papstresidenz zum
Baden gegangen. Ich erinnere mich durch Fotos
daran. Wollen wir also gemeinsam mit meiner
Mutter in das Lied vom göttlichen Rom und dem
Erdkreis eintauchen und uns gemeinsam sonnen und
baden in mittelmeerlicher, mediterraner Wärme.
Wärme umgibt mich und Wärme verspüre ich durch
meine Mutter, diese einmalige Frau in meinem
Leben, die mir dieses innere Rom geschenkt hat.
Sie ist der erste Mensch in meinem Leben gewesen
und diejenige, mit der ich die längste Zeit
verbracht habe.

Roma Divina

Roma divina, a Te sul Campidoglio
dove eterno verdeggia il sacro alloro
a Te nostra fortezza e nostro orgoglio,
ascende il coro.

Salve Dea Roma! Ti sfavilla in fronte
il Sol che nasce sulla nuova storia;
fulgida in arme, all'ultimo orizzonte
sta la Vittoria.

Sole che sorgi libero e giocondo
sul colle nostro i tuoi cavalli doma;
tu non vedrai nessuna cosa al mondo
maggior di Roma,
maggior di Roma!

Per tutto il cielo è un volo di bandiere
e la pace del mondo oggi è latina:
il tricolore canta sul cantiere,
su l'officina.

Madre che doni ai popoli la legge
eterna e pura come il Sol che nasce,
benedici l'aratro antico e il gregge
folto che pasce!

Sole che sorgi libero e giocondo
sul colle nostro i tuoi cavalli doma;
tu non vedrai nessuna cosa al mondo
maggior di Roma,
maggior di Roma!

Benedici il riposo e la fatica
che si rinnova per virtù d'amore,
la giovinezza florida e l'antica
età che muore.

Madre di uomini e di lanosi armenti,
d'opere schiette e di penose scuole,
tornano alle tue case i reggimenti
e sorge il sole.

Sole che sorgi libero e giocondo
sul colle nostro i tuoi cavalli doma;
tu non vedrai nessuna cosa al mondo
maggior di Roma,
maggior di Roma!

Göttliches Rom

Göttliches Rom, hinauf zu Dir zum Capitol
Wo der ewig heilige Lorbeer grünt;
Zu Dir, du unsere Festung und unser Stolz,
Erhebt sich der Chor.

Gegrüßet seist du, Göttin Rom!
Auf Deiner Stirne erstrahlt die Sonne,
Die in Deiner neuen Geschichte
wiedergeboren wurde.
In Deinen glänzenden Waffen
steht der Sieg am Horizont geschrieben.

Sonne, die Du frei und fröhlich hervorgehst.
Auf unserem Hügel zügelst Du die Pferde.
Du wirst nichts in der Welt sehen,
das größer als Rom ist.

Den Himmeln gleichst du fliegenden Fahnen
Und der Weltfrieden ist heute Lateinisches Wort:
Die Trikolore singt auf dem Campus,
Durch das Offizium.

Mutter, die du den Völkern das Gesetz schenkst,
So ewig und rein wie die geboren werdende Sonne.
Du lobst den alten Pflug
Und die dicht gedrängte, grasende Herde.

Sonne, die Du frei und fröhlich hervorgehst.
Auf unserem Hügel zügelst Du die Pferde.
Du wirst nichts in der Welt sehen,
das größer als Rom ist.

Segne die Ruhe und Mühe,
Die sich durch tugendhafte Liebe erneuert.
Segne die blühende Jugend
Und segne das sterbende Alte.

Mutter der Menschen und der wolligen Herden.
Mutter du der reinen Werke
und der schmerzhaften Lehren.
Deine Heerscharen
kehren zu Deinen Häusern zurück
Und machen die Sonne sich erheben.

Sonne, die Du frei und fröhlich hervorgehst.
Auf unserem Hügel zügelst Du die Pferde.
Du wirst nichts in der Welt sehen,
das größer als Rom ist.

Dieses göttliche Rom, diese Sonne des göttlichen Roms hat meine über alles geliebte Mutter in sich aufgenommen und strahlt es bis heute aus. Ich habe sie bei der Übersetzung neben mir gehabt. Gerade war sie aus dem Bett gestiegen. Wir haben zusammen unser Morgenmüsli zubereitet und in froher Gemeinschaft zusammen genossen. Und nun liegt sie, vorn über gefallen, ihren Kopf auf die Arme und auf den Tisch gelegt und schlummert ihr Morgenschläfchen, während ich das Büchlein zu Ende schreibe und in mir diese wunderbaren Zeilen des römischen Liedes nachklingen, das ja nicht nur von irgend einer Stadt singt sondern von der Stadt, in die Petrus und Paulus kamen, um die Ewige Lehre Christi in unseren Kulturkreis hinein zu tragen. Und auch der Heilige Franziskus hat ja ein Sonnenlied geschrieben. In der Sonne spiegelt sich eben unsere Hoffnung, die wir in ihre lebenspendende Wärme hineinlegen.

Und schon werde ich aus den hehren Gedanken an Antike, Christus und die Ewigkeit wieder herausgerissen, denn mir wird die andere, meine gegenwärtige Hamburger Heimat bewusst, die meiner Mutter und mir ebenso gehört wie diese römische Heimat: Ich denke an die Hammonia, die so stolz dasteht und zu der sie sofort ein Lied singen würde, wenn ich das Wort aussprächte. Ich verkneif es mir aber und denke nur an unser geliebtes Hamburg, zu deren Patronin die Hammonia wurde. Ja, und auf das Stichwort "Hamburg" hin ertönt in mir wie von selbst das Lied, dass meine Mutter sogleich anstimmt, wenn es fällt:

"In Hamburg da bin ich gewesen, zu sehen, das Treiben der Welt. Meine Ehre ist in Hamburg geblieben, denn ich war ja ein Mädchen für Geld." Und dann lacht sie verschmitzt über das ganze Gesicht und ich frage mich, ob sie nicht doch genau weiß, was sie da gerade gesungen hat. Enthemmung und Distanzlosigkeit sind typische Zeichen für ausgeprägte Demenz. Auch damit müssen wir Pflegenden leben. Und da Fremde die Demenz nicht auf Anhieb erkennen können noch dem Gesicht etwas anzusehen ist, sollten die Leute darüber nachdenken, ob ein alter, sich dergestalt gebärdender Mensch nicht womöglich an Alzheimer oder vaskulärer Demenz leidet, bevor er selbst loslegt und dumme Sprüche klopft. Angemessener ist es jedenfalls, wenn ich mich einfach mit ihr freue, meine Mutter in den Arm nehme und zusammen mit ihr über ihren verschmitzten Humor lache. Und ich singe auch manchmal einfach mit: auch in der Öffentlichkeit.

Ganz laut und deutlich singt sie besagtes Lied bevorzugt in der Öffentlichkeit: In der U-Bahn, auf dem Fährschiff nach Finkenwerder rüber und auf dem Alsterdampfer... Da singt sie auch inbrünstig, nicht sehr laut, aber doch für andere Menschen deutlich hörbar, zumal sie dabei in die Runde schaut und sich Reaktionen erhofft: "An der Elbe, an der Alster, an der Bill, dor kann jeder eener moken wat he will." (An der Elbe, an der Alster, an der Bille, da kann ein jeder machen, was er will.)

Und die Bestätigung schenkt man ihr meistens durch freundliche Blicke. Ein paar dumme Leute allerdings, die sicher weniger im Kopf und vor allem weniger im Herzen haben, als meine Mutter, ignorieren das. Manche Leute reagieren aber ausgesprochen liebenswürdig. Und was möchte meine Mutter anderes, als eben diese liebenswürdige Geste des Zunickens erfahren?

Sie ist ein liebenswürdiger und zugleich hilfsbedürftiger Mensch, eine Person, die sehr viel Verständnis, Nachsicht und freundliche Annahme benötigt. Ja! Sie möchte sich ebenso angenommen fühlen wie jeder andere Mensch auch. Und wenn es auch manchmal hilflose Unternehmungen sind, mit denen sie sich diese Anerkennung zu erheischen sucht, so bedeutet das nicht, dass wir ein Recht hätten, sie ihr nicht zu geben.

Meine Mutter liebt ihre Vaterstadt, ihre Heimat, ihre Muttersprachen Deutsch und Plattdeutsch und auch das Italienische. Sie hat immerhin fünfzehn niederdeutsche Hörspiele und ein niederdeutsches Theaterstück veröffentlichen können. Sie war eine sehr tüchtige Frau und ganz sicher die beste Mutter der Welt! Sie hat in der Staatsoper regelmäßig gedolmetscht, für verschiedene Bürgermeister, in Gerichtsverhandlungen, für Sofia Loren, den Altkanzler Helmut Schmidt, für die italienische Tageszeitung Corriere della Sera, der/die sie auch zu Aufträgen nach Italien holte. Sie hat italienische Lehrwerke im Klett-Verlag veröffentlicht, und sie war rundum ein sehr fröhlicher, lebensbejahender Mensch. Das ist sie auch heute noch! Wer wollte ihr das nehmen?

Was kümmern mich die Macken, die sie außerdem hatte, die Belastungen, die sie mir dadurch ins Leben gebracht hat. Unterm Strich zählt nach allen Aktiva und Passiva doch nur das, was bleibt: Die Erinnerung an einen Vollblutmenschen mit Höhen und Tiefen, besten Absichten, unbeugsamer Aufrichtigkeit, Treue und Aufopferungsbereitschaft. Wenn ein Insekt sich zu ihr verirrte, trug sie es hinaus. Niemals hätte sie es getötet! Ehrfurcht vor dem Leben ist eine ihrer herausragenden Eigenschaften, die sie in aller Bescheidenheit immer und überall zeigte. Meine Mutter ist die beste Mutter der Welt. Und ich werde sie immer in ehrendem Andenken bewahren. So lange ich selbst noch lebe, will ich von ihrer Liebenswürdigkeit genießen. Und später einmal werden mir ihre Lieder, Sprüche und Wiederholungen, die mir jetzt auf den Geist gehen, ganz sicher fehlen!!

Und so möchte ich mit einem der Lieder, das sie so oft und gerne singt, diese kleine Lektüre beenden. "Hamburg ist ein schönes Städtchen, siehste wohl. Weil es an der Elbe liegt, siehste wohl. Drinnen gibt es schöne Mädchen, wunderschöne Mädchen, aber keine die dich liebt. Ach wie fällt es so schwer aus der Heimat zu gehn, wenn die Hoffnung nicht wär auf ein Wieder-, Wiedersehn. Lebe wohl, lebe wohl, lebe wohl, lebe wohl. Lebe wohl, auf Wiedersehn!" (Siehste wohl!).

Und was hat sie eben geantwortet, als ich ihr gesagt habe: "Mein neues Buch ist jetzt zu Ende."? - Na, das ist doch logisch: "Ente? Wieso Ente? Was erzählst du von Ente? Hier ist doch gar keine Ente!" Und gleich hinterher schickt sie noch ihr geflügeltes Wort: "Nimm mich doch nicht ähärnst!" Dabei möchte ich meine Mutter sehr ernst nehmen. Nämlich in ihrer Heiterkeit, die ihren sonderbaren Witzen folgt. Ein bisschen spitzbübisch ist sie und dennoch liebenswert! Wir lassen uns das Leben weder erschüttern noch verbittern sondern lachen viel und oft miteinander. Wie sagt sie noch immer, wenn jemand von sich gibt: "Ja, ja, so ist das Leben."? - "Man muss das Läben äben nähmen wie das Läben äben ist!"

Ergo: Ich nehme diesen Leitsatz auf und nehme das Leben so hin, wie es eben ist und füge zum Guten den Glanz und den Schimmer und ruhe nimmer - wie es in Schillers Ballade "die Glocke" heißt. Wenn ich diese enorme Chance nicht wahrgenommen hätte, Spanien und mein Musizieren dort hinter mir gelassen zu haben, wenn ich all diese neuen herausfordernden Auseinandersetzungen hier in Hamburg nicht angenommen hätte, wäre ich nicht zu meiner Selbsttherapie gekommen, wären meine Bücher nicht entstanden und wäre meine liebe Mutter im Seniorenheim versauert.

Weil ich aber auch diese Herausforderung des Lebens angenommen und etwas daraus gemacht habe, geht es sowohl meiner Mutter als mir selbst so gut wie irgend möglich. Und ich bin sehr glücklich und zufrieden über das, was ich selbst erreicht habe. Meine Vergangenheit ist integriert und stört mich nicht mehr. Ich bin frei von meinen Leidenschaften und lebe leidenschaftlich das Leben an sich, so wie es sich mir eben zeigt.

Menschen die das Leben so annehmen, wie es sich ihnen zeigt und wenn sie daraus mit viel Kreativität und Liebe konstruktiv etwas zu gestalten wissen, statt sich nur dasjenige herauszufiltern, was ihnen als Leckerli erscheint, ja, solche Menschen sind auf dem besten Wege, sich ihre Persönlichkeit ohne Störungen in ihrer gesamten Vollwertigkeit entwickeln zu lassen. Eine solche Persönlichkeit ist immer mehr dazu in der Lage, sich ohne Angst vor Selbstverlust in freiwillige Abhängigkeiten zu begeben. Soziales Leben ist Leben in respektvoller gegenseitiger Abhängigkeit auch dann, wenn sich Widrigkeiten zeigen und einer mal mehr als der andere geben muss. Liebe und Treue in guten und schlechten Zeiten sind der schönste Wert im Leben überhaupt!

Wahrer Vollwert ist ein Phänomen, das die volle Würde eines Menschen uneingeschränkt zur Geltung bringen und vollkommen zur Geltung kommen lassen kann. Das Ganze, auch das ganze Leben, ist nämlich mehr als seine Teile. Das Leben an sich ist nun mal kein dauerndes Zuckerschlecken sondern eine Ganzheit, zu der auch manches Gift, manche Unzulänglichkeit und manche Bitterkeit gehört. Zusammen mit alledem, was uns angenehm erscheint, wird es erst so herrlich bunt, und zwar inklusive schwarz und weiß. Ohne Licht und Schatten wäre es mir zu fade. In einem meiner eigenen Lieder singe ich: "Ich liebe das Leben, so, wie es eben auf mich zukommt. Ich bin bereit!" Und der Titel meines eigenen Lebensliedes heißt: "Hoffnung und Zuversicht!"

Das Bild, dass mir von meiner lieben Mutter bleibt,
sind ihr herzhaftes Lachen,
ihre Sonne und Wärme
und vor allem ihre zuverlässige, unerschütterliche Treue.

Wenn Du noch eine Mutter hast

Wenn Du noch eine Mutter hast,
so danke Gott und sei zufrieden.
Nicht allen auf dem Erdenrund
ist dieses hohe Glück beschieden.
Wenn Du noch eine Mutter hast,
so sollst du sie in Liebe pflegen,
dass sie dereinst ihr müdes Haupt
in Frieden kann zur Ruhe legen.

Sie hat vom ersten Tage an
um dich gebangt mit großen Sorgen.
Sie brachte abends dich zu Bett
und weckte küssend Dich am Morgen.
Und warst Du krank – sie pflegte Dich,
den sie mit großem Schmerz geboren.
Und gaben alle Dich schon auf:
Die Mutter gab Dich nie verloren.

Und hast Du keine Mutter mehr
und kannst Du sie nicht mehr beglücken,
so kannst Du doch ihr kühles Grab
mit frischen Blumenkränzen schmücken.
Ein Muttergrab – ein heilig Grab!
Für Dich die ewig heilge Stelle!
Oh, wende Dich an diesen Ort,
wenn Dich umtost des Lebens Welle.

Friedrich Wilhelm Kaulisch
(1827-1881)

Weitere Bücher der Autorin

Rezeptlos glücklich

25 Jahre Erfahrungen
mit vegetarischer und veganer Vollwertkost
sowie reiner Rohkost

Köstlich schlichte Rohkost

- 1. Teil -
580 Seiten als Paperback-Ausgabe
(Maße 17 x 22 cm)
10 Abbildungen
17 Tabellen

Rezeptlose vegane Naturküche

"Pi x grüner Daumen"

Köstlich schlichte Rohkost

- 2. Teil -
220 Seiten als Paperback-Ausgabe
(Maße 17 x 22 cm)
4 Abbildungen
Ausführliches Nachschlageverzeichnis

Schillers Bürgschaft

Von der Treue zu sich selbst
und der mühelos-mühsamen Integration
des Schattens

464 Seiten als Paperback- oder Hardcover-Ausgabe
(Maße 17 x 22 cm)
3 Abbildungen

"Itacker müssen (nicht) abkratzen!"

Gelungene Selbsttherapie schwerer Traumata
unter Psychoanalyse, EMDR
und Verhaltenstherapie

320 Seiten als Paperback- oder Hardcover-Ausgabe
(Maße 17 x 22 cm)
28 Abbildungen

Seelische Selbstheilungskraft

Ganzheitliche EMDR-Selbsttherapie
und individuierende Selbstanalyse

700 Seiten als Paperback- oder Hardcover-Ausgabe
(Maße 17 x 22 cm)
3 Abbildungen

Unveröffentlicht:

Familienchronik

488 Seiten als Hardcover-Ausgabe (Format DIN-A4)
über 90 Abbildungen

Wahre Liebe hat auch an der Schmerzgrenze noch Bestand.
Liebe und Treue sind der Stabilitätspakt der Ausdauer.